だいわ文庫

あなたの人生が ラクにうまくいく本

キャメレオン竹田

大和書房

はじめに

「地球ゲーム」のトリセツ
――ヒラヒラ楽しく、もっと自由に生きる本

結論から申し上げます。

わたしたちの魂は、ものすごく面白い惑星である地球に、真剣に遊びに来ています。地球以外では、何でもできちゃうので、つまらなかったんです。ですので、**あえて「できない」ということを楽しむために、地球に来ているんですね。**

そして、地球ゲームを始める前にいろんな設定をしてくるんです。ゲームって、すぐにクリアできたら、飽きちゃいますからね。

ところどころに、「アトラクション」という名の罠《わな》を仕掛けます。

乗り越えられるかどうか、ギリギリのラインの難易度にまで入れてくる人もい

ます。**だってそのほうが、面白いですからね。**

そして、**本当に乗り越えられない難易度の罠は、入れてきません。**それではすぐにゲームオーバーになってしまいますから。地球ゲームをスタートする許可が下りないんです。

罠は、クリアしやすいようソフトな感じにしている人もいますし、ハードな感じにしている人もいるでしょう。若い頃はハードに設定しておいて、徐々にイージーにソフトランディングするような設定をしてきている人もいます。

わたし自身も、このタイプです。ゲームをスタートした最初のほうが、今よりずっとハードモードでした。

何回も生まれ変わってすでに「地球ゲームの達人」みたいになっている人は、イージーモードでは物足りないので、最初からかなりハードモードに設定してきたりします。

そう、人によって、さまざまなデザインをし

てくるんですね。

ですが、地球ゲームをスタートさせるときに、この「生まれる前にプログラムをしたあれやこれや」をすっかり忘れることになっています。

なぜなら「どこにどんな罠があって、自分はどんなふうに引っかかる！」などという詳細やあらすじを最初から知っていたら、ゲームが面白くないからです。

それに、そうなってしまったら、地球での「あらゆるドラマ」も味わうことができなくなりますからね。

「ネタばれ禁止！」は、プレイヤーのあなたへの優しい配慮なんです。

「うまくいかない！」こそゲームの醍醐味、面白さ

さあ！　ゲーム中の皆さん、いかがお過ごしでしょうか？

自分で仕掛けた罠に見事にハマって抜け出せなくなり、ドツボにハマってはいませんか？

逆に言うと、それ、「ものすごく楽しんでいる」ってことなんですけどね。

この本では、地球ゲーム参加者のあなたに、その攻略法や裏技をそっとお伝えさせていただきます。

そうすれば、罠に出会ったときにクリアしやすくなりますし、もっともっと楽しみながら、地球生活を堪能していくことができますので！


目の前の出来事で、「苦しい！」と感じる瞬間。

これこそが、地球アトラクションの醍醐味《だいごみ》です。ですので、**苦しいときこそ、実はあなたの魂はめちゃくちゃ楽しんでいるのです。**

そして、あなたがより、そのアトラクションを楽しめるように、さまざまなことが、絶妙かつ巧妙に展開されるようになっています。


偶然のような必然のタイミング！

心をかき乱すキャスティングの登場！

ドラマチックなストーリー！

地球は、感情と五感を存分に堪能できる、夢の惑星なんですね。ですので、どんな気持ちになろうとも、それを味わいに来ていると思ってください。

さあ、あなたは今、どんなアトラクションにハマっていますか？
魂レベルで質問するとすれば、
「どんなアトラクションがお好みですか？」
とも言えるでしょう。

だってそれ、無意識の領域では、めちゃくちゃ楽しんでいますからね。

「きっつ〜い試練」に直面したら、「こう考える」

あなたがどんなアトラクションがお好みかは、あなたがよく陥る困難を見ればすぐに判明します。

たとえば、お金アトラクションが好きな人は、しょっちゅうお金のトラブルに巻き込まれていますし、恋愛アトラクションが好きな人は、パートナーといつも揉《も》めていたり、恋愛がらみのことで悩んでいたりします。

他にも、親子関係がギクシャクするアトラクションもあれば、いじめっ子をよく引き寄せるアトラクションなど……。人によって好きなアトラクションはさまざま！

地球上にはありとあらゆるアトラクションがあるのに、わたしたちはたいがい、いつも同じようなアトラクションにハマっています。面白いほどに。

自分がよくハマるアトラクションは何なのか、知っておくといいかもしれませんね。

もちろん、全く同じ場面の繰り返しでは飽きてしまうので、アトラクション自体は同じであっても、状況、キャスティング、ストーリーなどの細かい設定はその都度《つど》、変化します。

だんだんわかってきましたか？

これが「地球ゲーム」なんです。

目の前の壁は「必ずクリアできる」と知る

そして、これらのアトラクションはクリアできるものなんです。

どんなにハードで、超ドラマチックで、てんやわんやなアトラクションであっても、必ず乗り越えられるのが地球ゲームなんです。

なぜなら、地球に来る前に難易度を設定してきたのは、あなた自身だからです。

だいたいわかりますよね。自分が耐えられる限度というものは。

それでは、地球ゲーム攻略法をお伝えいたしましょう。

ぜひ、さまざまなアトラクションで……、

苦しみを堪能するのではなく、楽しむほう、面白がるほうへシフトしていきましょう。

キャメレオン竹田

あなたの人生がラクにうまくいく本

CONTENTS

Chapter 002
「各アトラクション」をより楽しめる基礎知識
何があっても「面白がれる」余裕が生まれるお話

Chapter 003

「言うこと聞かなきゃアトラクション」の攻略法

たまりにたまったモヤモヤに、今日からピリオド！

Chapter 004

「自分なんて…」地獄から今すぐ抜け出そう

「あなたが素晴らしい」のは、決定事項です

Chapter 005

「いらない感情」を手放すと、グーンとレベルUP!

「とらわれない心」が「いいこと」を引き寄せる

Chapter 006

「出したもの」が全部返ってくるのが、地球ゲームのシステム

ミラクルな「運気の流れ」をつくるコツ

Chapter 007

「気にしすぎ」をやめれば、人付き合いの悩みは9割解決

今日からは、もっと身軽に、さわやかに生きる！

Chapter 001

「地球ゲーム」で遊ぶ前に知っておきたいこと

こんがらがったら、
この「基本ルール」に立ち返る

Rule 01

「あなたが意識を向けたこと」が展開される

「地球ゲーム」の基本ルールからご説明していきましょう。

このゲームでは、あなたが物事の「どの面」に着目しているかで、人生の展開が変わっていきます。

良き未来を意識している人と、
心配のほうを意識している人では、
体験する現実が大きく分かれていきます。

なぜなら、あなたの意識の力は、あなたの世界を創造する力だからです。

ですので、**「意識できる」ということは、「あなたが創造できること」であり、「これから体験できること」**なんですね。

是非この意識の力を忘れないようにして、地球ゲームを楽しんでください。

「こうなったらな」に意識を集中！

過去のモヤモヤ、将来の不安や心配、他人からの評価……などに、あなたの大切な意識を向けていませんか？

これ、案外気づいていない人が多いポイントです。

確かに「意識の向け方」って、学校では教えてくれません。基本的に誰からも教わらないですし、人によってクセがあったりもします。

成長過程で培ってきたそのクセって、Yシャツの形状記憶みたいなものなんですね。だから、すぐに元に戻りやすいと言いましょうか……。

また、もちろん人間も動物ですから、生き残るための防衛本能が備わっています。

そのため、本能的についマイナスなほうを意識してしまうという面もあります。

原始時代は、いちはやく危険を察知して危機回避しないと生き残れませんでしたから、その名残《なごり》として、人間には、今でもそのときのクセが残っているのです。

でも、焦らなくて大丈夫です。

意識の使い方はクセです。クセですから、直せます。

ついマイナスなほうを意識してしまいがちであれば、自分でそれに気がつくことから始めればいいのです。


いちいち気づくことができたら、今度は「創造したいほう」に意識の焦点を向けるように切り替えていきます。

まるでテレビのチャンネルを切り替えるように。

これを続けていくうちに、自然に「体験したい未来」を意識する時間のほうが長くなっていきます。そうなったら、しめたものです！

あなたの創造したい世界が、リアルに展開され始めることでしょう。

Rule 02

心地よくしていると、心地よいことがやってくる

生まれる前に自分で設定してきたことは、地球にやってきた途端にすっかり忘れてしまうということは、5ページですでにお話ししました。

しかしながら、ありがたいことに、人生の方向性を示すセンサーは、あなたの中にしっかりと内蔵されています。

それが、心です。

心地よいほうが、正解の道で、
心地よくないほうは、正解の道からズレている証《あかし》です。

とてもシンプルでわかりやすいので、いちいち心のセンサーに耳を傾けることをオススメします。

頭で考えるんじゃなくて、あなたの心がどう感じるかです！

ちなみに我々の頭は、このゲームを乗りこなすためのデバイス（情報端末）でしかありません。つまり、パソコンやスマホ、タブレットみたいなものですね（もちろん、頭だって宇宙とＷｉ－Ｆｉはつながっていますが）。

あなたもご存じの通り、デバイスだけではゲームを楽しむことはできません。

心こそが、地球ゲームをプレイするときの〝羅針盤〟の役割を担っているんですね。

センサーとして「心地いい」「心地よくない」と反応するのです。

シンプルすぎますね。

ですので、いつも、自分の心の声を確認してください。
他の誰でもなく、あなたの心がすべてを知っているのです。

自分の「波動」を整えると、いいことがたくさん!

ここで、とても大切なので、わたしがいつもしつこく言っている〈波動の法則〉にも触れておきましょう。
心地いい状態でいると、あなたから心地いい波動が出ます。
心地よくない状態でいると、あなたから心地よくない波動が出ます。
あなたから出た波動は、その気持ちと同じ気持ちになるような現実を創造していきます。つまり、
心地いい状態でいれば、時間差で心地いい未来が創造され、
心地よくない状態でいれば、時間差で心地よくない未来が創造されていきます。

ですので、いちいち心地いいことを選択しさえすれば、心地いい波動が出続けることになりますので、リアルに心地いいことばっかり起こるんですね。

すなわち、

起きた現実に反応していくのではなく、
起きてほしい現実の状態と、
同じくらい心地いい状態になって、その波動が出ていれば、
起きてほしい現実は、勝手に創造されていくのです。

こんな便利なテクニック、使わないのは地球ゲーマーとしてもったいないですよね！

もっとくわしく知りたい場合は、拙著『神さまとの直通電話』（三笠書房《王様文庫》）を読んでみてください。

Rule 03

あなたの世界は、あなたが自分で創った映像！

あなたから見えているすべては、あなたが創った映像です。

誰かのせい、状況のせいにしたほうが楽だと思っていたら、とんでもない勘違いです。真実はその逆です。

「誰かのせい」をやめていくにつれて、あなたは逆にものすごく生きやすくなっていきます。


あなたの世界を、あなたは自由に創ることができます。

あなたが見たい世界、あなたが遊びたい世界を創っていくことができます。

「誰かのせい」「状況のせい」にしているのは、自分で創った世界に自分でイライラしているだけ。一人劇場に過ぎません。

何かや誰かのせいにするのをいったんやめて、

「じゃあ、自分はどんな世界を創りたいんだろう？」

と考えてみるのです。

こうすると自分から出る周波数が変わっていくので、あなたの世界はいい意味で変わっていきます。

「他人」を気にせず「自分」を生きる

周波数を変えるのは、あなたが見ている映像、つまりチャンネルを替えることと同じ。

周波数を変えるということは、あなたの波動を変えるということです。

あなたが、いつも心地よい波動を出していれば、あなたにとって、心地よい現実が映し出されていきます。

他人のことは、いい意味で放っておきましょう。

そもそも、映像ですからね。

他人にヤキモキするのではなく、自分から出る周波数を整えることに専念しましょう。そうすれば、チャンネルが替わって自分から見える映像が変わるからです。

これを知っておくと、地球ゲームをとても楽しく、ストレスフリーに遊ぶことができます。

こちらを重点的に知りたい場合は『人生を自由自在に楽しむ本』（だいわ文庫）をご参照ください。

Chapter

002

「各アトラクション」をより楽しめる基礎知識

何があっても「面白がれる」
余裕が生まれるお話

Rule 04

嫌な気持ちが出てきたら、大チャンス！

目の前のことについ一喜一憂して、振り回されてしまう……。

そんなときって、実はものすごいチャンスです！

その重苦しい波動は、あなたが「本来の自分」とズレたときに出るものです。

そして、重い波動に浸っていると、あなたから重い波動が出るので、重苦しい現実が創造されます。

さらに、あなたが嫌な気持ちになるということで、今までそういう重い波動を持っていたということに気づくことができます。

ですので、その波動を取り出して、手放してしまうことによって、そういう気持ちになるパターン、つまり「周りに振り回されるアトラクション」を、終わりにすることができるのです。

だから「チャンス」なんですね！

楽しみながら「自分のデトックス」

というわけで、一喜一憂が始まったら、そのネガティブな気持ちにどっぷり浸るのをやめて、こう言って喜んでください。

「このアトラクションをクリアする大チャンスが来た！」

そして、あなたの中の膿《うみ》を出すように、ネガティブな気持ちを取り出して、手放す作業をしてください。

「取り出して、手放す？　どうやって？」

これには、いろんな方法があります。

『人生を自由自在に楽しむ本』（だいわ文庫）では「パチャママワーク」をご紹介

しました。

今回は、風の魔法をご紹介します。

重い波動をこっそり浄化する、風の魔法

まず、あなたを中心に、ぐるぐると左回りで竜巻《たつまき》が起きているのをイメージしてください（なぜ左回りかというと、この向きは波動が浄化されて、どんどん軽くなっていく方向だからなんですね）。

その竜巻の中に、あなたの心をかき乱している対象を入れます。これは、嫌いな人でも、口うるさい親戚でも、苦手な動物でも、怖い場所でも、モノでも、状況でも……何を入れても大丈夫です！

それがぐるぐるあなたの周りを回っていきますので、じっと観察していてください。

すると、あなたの目の前にレバーが出てきました。レバーをグッと上に押し上げると、竜巻のスピードがどんどん速くなります。

このとき、竜巻に入れた対象は「助けて！」とか何とか、叫んでいるかもしれません。でも、あまりにも高速でぐるぐる回っているので、声が「キーン！」と高くなって聞き取れないくらいになっていることでしょう。

ぜひ、その様子も臨場感たっぷりにイメージしてみてください。

さあ、一番上までレバーを上げ切ってください。

こうなると竜巻はますますスピードアップして、黄金色のものすごく眩《まぶ》しい状態になっていきます。

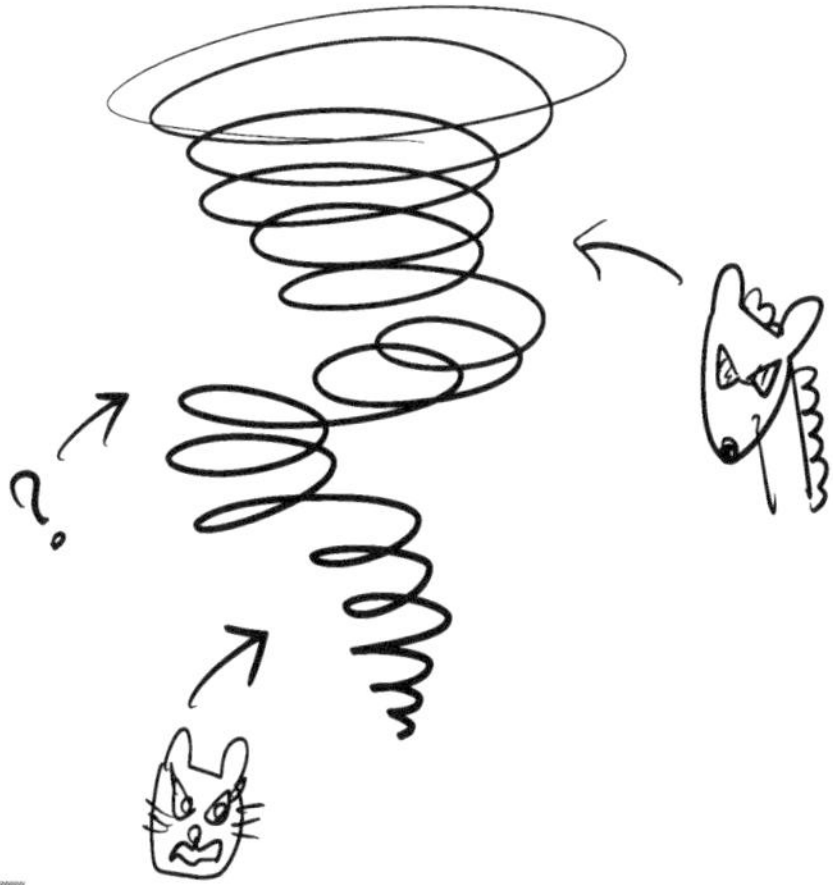

なんか、絵本『ちびくろ・さんぼ』のワンシーン、虎《とら》たちがぐるぐる回って、美味しいバターになってしまうシーンを思い出しますね！

さて、その対象は、竜巻のスピードに耐え切れず、黄金の光になってしまいました。キラキラしてとてもきれいです。

これまであなたを悩ませていたものが、ついに、愛と光に変わったのです。

さあ、あなたは深呼吸をして、そのキラキラした光を深く吸い込んでください。するとあなたまでもが、愛と光でできた黄金カラーに変わっていきます。

ま、眩しい！

あ〜、気持ち良いですね！

あ〜、軽いですね！

あ〜、スッキリしますね！

これでワークはキャン了です。簡単ですね！

ポイントは、「一回でスッキリしなくても大丈夫」ということです。

対象が気になるたび、しつこく繰り返しやってみましょう。気になったら、そのたびに毎回やってみてください。

消化できていない過去のことも、このワークで、どんどん愛と光に変えてしまいましょう。

焦らず、マイペースに、楽しみながら、徐々に自分の中の膿を出していくこと。

こうやって、気になるたびに毎回「手放すこと」をクセにしていくと、だんだんそのときの重苦しい波動があなたから出なくなります。

つまり、そのようなことで、一喜一憂をしなくなるというわけです。

また同じような出来事に遭遇しても、むしろ笑けてくるようになりますよ！

本当に！

Rule 05

サインは「自分で見出す」のが、地球ゲームのルール

何かをしようとしたとき、やたらと邪魔が入る場合があります。

たとえば、ある場所へ行こうとするときに限って、電車が止まったり体調が悪くなったりして辿《たど》りつけない。

「遊ぼう」と約束しているのに、どうしてもこの人とはタイミングがズレてしまって会えない。

とても気に入った物件を見つけたのに、なかなか空室が出ない。もしくは、申し込む直前で他の人が契約してしまった。

「自分のお店を持とう」と頑張って開店資金を貯めていたのに、直前になってトラブルが発生、スッカラカンになってしまった。

こういうとき、悲しんだり悔しがったりする人が多いのですが、それ、逆です。

なぜって、これも大ラッキー！

宇宙が、脇道に逸《そ》れようとしているあなたを「本来の道」へ戻れるよう、軌道《きどう》修正してくれているのです。


「そこまでしないと、あんた、そっちに動かないでしょ！」

「そこまでしないと、あんた、それ、手放さないでしょ！」

「今はタイミングじゃないですよ！」

「そっちは、あなたの道ではありません」

「もっと、あなたにぴったりなもの（こと）を用意してあります」

という、宇宙の計らいです。

「心の感覚」に耳をすませる

宇宙の計らいがどのようなお知らせか、知りたいですか？

それは、その時々によって、あなたが「自分で見出すこと」がポイントになります。

誰かに聞きたがる人が多いのですが、他人に教えてもらうことはできません。それが、アトラクションをクリアするための条件なんです。

何のお知らせかは、あなたが自分で気づくしかないのです。

大丈夫、難しくありません。

「何となく」という心の感覚でわかるはずです。

あなたが自力で気がついて行動するまで、宇宙からのサインはしつこくやってきます。すごくわかりやすいので、逆に面白いですよ！

Rule 06 度重なるアクシデントこそ、宇宙の計らい

宇宙からのサインが、どのようにしつこくわかりやすいかというのを、わたしの例でお伝えします。

わたしは20代の頃、ずっと子宮内膜症という病気と付き合っていました。これがしつこくて、治っては再発、治っては再発、という状態を何度も繰り返していたんです。

今思えば、これが宇宙からの「進路を見直しなさい！」というサインでした。

というのも、当時のわたしは会社員をしていたのですが、そもそも、わたしは会社員に向いていないんですね。人に雇われて働くよりも、自分で起業して働くほうが向いているタイプなんです。

わたしは、「占星術師になる学校」というオンラインスクールを主宰しているのですが、西洋占星術から見ても、それは明らかでした。

西洋占星術というのは、生まれた瞬間の天体の配置図を読み込むことにより、その人の特性や合っていることがわかる占術です。

もちろん、占いでわかることがすべてではありませんが、独立したことで、わたしは今、水を得た魚のようにイキイキと仕事をすることができています。

つまり、合っていたのです。

そして、あれほど悩まされていた子宮内膜症は、それ以来ピタッと治まって姿を消してしまいました。

つまり、宇宙は、わたしに独立するように、しつこく、「体調不良」というかたちでお知らせをしてくれていたんです。

何度も邪魔が入るときこそ、大ラッキー!

これは、長期的にしつこいサインの例ですが、もっと短期的なしつこさのネタもあります。

とある人と会おうとするときに限って、何度も邪魔が入るんです！

1回目はなんとか会えたものの、2回目は、わたしの全身に蕁麻疹《じんましん》ができ、3回目はものもらいになりました。

そして、4回目は、強力な台風が東京を直撃しました。さらに、なんと5回目は、大きい地震が起きました。

その人と会うのを途中であきらめさせるために、宇宙はあの手この手で邪魔してきます。

「それ、考え直しなさい」のありがた～いサイン

もう一つの話をします。

これは、つい最近の出来事です。

引っ越しをするために、物件を見に行ったんですね。

そこで、ある物件に目が留まりました。間取りも、広さも、窓からの景色も、とても気に入ったんです。

早速、申し込みを入れようとしたところ、私の前に先客がいることがわかりました。私より先にその物件に目をつけた人がいて、ちょうど今、物件のオーナーと交渉中とのこと。

しかしながら、不動産屋さんに話を聞いてみたところ、その先客はかなり強気に家賃の値引き交渉をしている、とのことでした。

だから、

「物件のオーナーがOKするかどうかはわかりません。交渉がまとまらない可能性も高いと思います」

と、不動産屋さんは言うんですね。

そこで私は、一応、二番手で申し込みを入れておいて、連絡を待つことにしました。

一週間後、不動産屋さんから連絡がありました。

「申し訳ありません。あの物件、先のお客様に決まってしまいました……」

先客が要求した強気の条件を、オーナーがOKしたとのことでした。

「え〜！！！」と内心思いながらも、あきらめることにして、私は他の物件を探し始めました。

幸い、とても気に入った物件が見つかって、そちらを契約することにしました。

冷静に考えると、こちらの物件のほうが、全ての部屋が明るくて、部屋に入ったときの波動も、ものすごく良かったんですね。

「最初の物件が他の人に決まったときはガッカリしたけど、もっといいところが見つかってよかったな」

そんなふうに思いながら最終的な契約締結をしていたとき、不動産屋さんがこんな話をするんです。

「竹田さんが最初に申し込んだ物件、結局、契約がまとまらずに流れてしまいました。というのも、先約の方が、最後の最後で、さらに倍増しの価格交渉を入れて値切ってきたので、オーナーが断りました！」

と。

え〜〜〜〜！！！

でも、そのときの私は、最初の物件にまったく興味がなくなっていたので、惜しいとは思いませんでした。逆に、これから契約しようとしている物件のほうを、すごく気に入っていたんです。

だから、とてもラッキーだったんです。

ここまで、ある意味、邪魔をしてもらわなければ、私は、最初の物件に決めてしまっていたでしょう。

のちに、知り合いにこの話をしたところ、

「(先に決めようとしていた) あの物件、絶対にダメです」

と言われました。

なんと、〝いわくつき〟とのことでした!

ちなみに、価格交渉をしていたのは外国人の方だったのですが、不動産屋さんいわく、外国の方は価格交渉をするのが普通とのことでした。

そこでわたしも、ノリで価格交渉をしてみようと思い、端数の数万円の値引きを不動産屋さんに頼んでおいたんです。

そうしたら、オーナーはすんなりOKしてくれました。

すべてがいいことだらけですね!

つづく(笑)

・・・・・

宇宙からの妨害は、このほかにもいろんなバリエーションがありますよ。

たとえば、よくあるものでは、宇宙があなたを、とある人や場所から離れさせるために、相手が変に理不尽な態度になったり、ものすごく執着してきたりする、などがあります。

こちらに嫌な気持ちを起こすことで、結果、あなたをその人や場所から遠ざけさせるために、仕組まれたドラマが展開されているんです！

本当ですよ！

Rule 07 「ちょっと先の未来のあなた」が教えてくれているとしたら

あなたを「そっちに進ませたくない！」というとき、宇宙からの邪魔や調整が入ると述べました。なぜこうなるかをご説明しましょう。

こんなイメージを思い浮かべてみてください。

ちょっと未来の自分が、過去の自分に会いに来る場面を想像してみてください。

当然、未来の自分は、過去の自分の「ちょっと先の未来」を知っているわけです。

そこに行くと危険な目に遭うことが先にわかっていたとしたら……。

もうすぐ運命の人と出会うことになっているのに、変な人に寄り道しそうになっていたら……。

どうしますか？　多分、過去の自分の行動を全力で阻止《そし》しようとすると思います。宇宙からの妨害は、そのような感じに似ています。

そういえば、わたしの祖母が生きているときに、よく言っていたことがあります。それは、孫であるわたしが乗る飛行機が墜落《ついらく》する可能性があることがわかったら、全力でお知らせをするということです。「さおりちゃん（わたしの本名です）が乗るのを力ずくでも邪魔する！」と話していました。

飛行場にたどり着く前に、ある意味、ボコボコにされそうですね。（笑）

宇宙からの「GOサイン」が出ているとき

逆に言うと、「そっちに進んでOK！」というときは、宇宙は最も簡単に、最短距離で、とんとん拍子であなたを進めてくれます。

自分で「難しいな」と思っていたようなことが予想外にスムーズに進むことっ

て、ありますよね。

他にも、あなたが困っていたところ意外な場面で助っ人が現れたり、ピンチに陥っていたら、想像もしていなかったラッキーで助かった、などなど。

そういうときって、本人があんまり考えなくても、意図しなくても、自然とそうなっていくというか。

それも、宇宙の計らいですね。

ちなみに、わたしはよくやるのですが、**この「未来の自分」を味方につけるちょっとしたワーク**がありますよ。

やり方は簡単で、夜寝るときに、イメージで、その日の朝の自分に会いに行きます。そして、今日あった出来事を先に自分に伝えてしまうのです。

なぜそんなことをしているかというと、そうすることによって、予知力が高まるからです。実際、わたしもこのワークを寝る前に続けたことで、直感が以前より鋭くなりました。

未来の自分が自分にいろいろ伝えに来てくれる気がするのです。

「ありがとう♡」って思えたら即ステージクリア！

話がそれましたが、邪魔が入ったときは、相手や現象にムカムカするのではなく、**「どのようなお知らせが自分に来ているのか」を見出すことにシフトしましょう。**

すると、地球ゲームは、途端に楽ちんに、スイスイ進めるようになっていきますし、自然に「感謝の気持ち」が湧いてくることでしょう。

ちなみに、地球ゲームでは、「感謝の気持ち」が湧いてくると、そのアトラクションはクリアということになっています。

すっごくわかりやすいでしょ！

Rule 08

失敗は「成長する手前」で起こるだけ

地球ゲームは、失敗を恐れていると、何もできません。

「失敗とは、してはいけないもの」「しないほうがいいもの」と思い込んでいる人が多いのですが、それって大きな勘違いです。

失敗とは、何かに気づくための出来事です。

だから、失敗はあなたが成長するキッカケでしかないんですね。失敗をも楽しめることができるようになれば、もはや成長しかありません。

失敗を極端に恐れる人がいます。そういう人は、やはり子供の頃に小さなトラウマがあるのかもしれません。

たとえば親や先生などに、些細《ささい》な失敗で、深刻かつ感情的に責められた経験があるのかもしれません。

そのために、大人になってからも、何事もいちいち深刻に悩んだり自分を責めたりするクセがついてしまっているんです。

でも、客観的に見てみれば、実は「些細なことで、子供を深刻に責める大人たち」のほうにこそ、問題があったりします。

問題があったとはいえ、その大人たちにも、それぞれの事情があったのだと思います。

たとえば別の何かでストレスを抱えていたのかもしれませんし、あるいは、その大人たちも、子供の頃から些細なことで責められながら育ってきたのかも知れません。理由はさまざまでしょう。

ですので、誰かを責めても仕方ありません。この負のループを、あなたでクリアして終わらせてしまいましょう。

「失敗どんと来い！」と思える人は無敵

さて、この法則、逆に言うと……。

「失敗を経験しないと成功しない」とも言えます。

わたしたちは失敗をすることではじめて、「うまくいくのは、この方法じゃない」ということがわかります。これだけでも、ものすごい前進です。だって、他の方法を見つけ出すキッカケにもなりますから。

失敗をすることで、あなたは、地球ゲームのプレイヤーとして、ものすごくレベルアップします。

ですので、

失敗どんと来い！！！

でいきましょう。

「失敗してもいい」って覚悟がある人は、最強なんです。

失敗どんと来いモードですからね！　成長しかありません。

ほとんどの人は、失敗を怖がって行動を起こさず、現状維持に流れていきます。

覚悟を持って行動すると、周りの人と、ものすごい差をつけることができますよ！！！　地球ゲーマーとして！

実際に押してみなくちゃ「次」には進めない！

というわけでですね、行動とは、いろんなボタンが目の前に並んでいるゲームみたいなものです。

たいていの人は、ボタンを押さない理由ばかり考えているんですね。

ボタンを押したら爆発するかもしれない……、とか。

今はまだ押すタイミングじゃない……、とか。

これ、意味ないでしょう！

て言うか、つまらないですよね。ゲームに参加しようとしていません。

わたしたちは、ゲームで遊ぶために地球に来ているのに。

さあ……、あの手この手で、いろんなボタンを押してみるのです。

最初からすぐに当たりのボタンを押せるということのほうが少ないでしょう。

ボタンを押して爆発するかもしれませんし、「ハズレ」の札が出てきてガッカリするのかもしれません。

しかしながら、押してみないことには、どんな展開になるのかさえわからないのです。覚悟さえあれば何だってできますし、どんな行動もできますからね！

だんだん、あなたは地球ゲームの中でレベルを上げて、最強に近づいていきますよ！　失敗を恐れているというのは、覚悟が足りないだけなんですよね。

どれか一つずつでいいので、ボタンを押していきましょう。

それが、ゲームってものですよね！

それでですね、何度も言いますが、アトラクションのクリアが見えてきたら、必ず、次の気持ちが湧いてきます。どんな気持ちだと思いますか？

そうです！**「ありがとう」の気持ち**です。

地球ゲームは、とってもわかりやすいですね！

一回やってみれば、合うか合わないかわかるだけ！

ダメだったら、「じゃあ、次はどうすればいいか」を考えてまた行動すればいいだけ！

エンジョイ！

Rule 09 道に迷ったら、ゴールを明確にせよ

アトラクションにハマって、物事がややこしくなってきたときには、ゴールを明確にしましょう。

ゴールが見えないと、どう動いていいか混乱しますし、どうでもいいことに振り回されて、余計な時間を費やしてしまいます。

また、目先のメリット・デメリットに囚われやすくなり、どんどん道に迷ってしまうんですね。

ゴールさえわかっていれば、「何が必要で、何が不要なのか」が明確になっていきます。

たとえば友達とレジャーに行くとして、山に行くのか海に行くのかだけでも、

着ていく服も、持って行くものも、誘うメンバーも違ってきたりしますよね。

また、**ゴールを明確にすることで、今の自分にできることが何なのかが、わかるようになっていきます。**

たとえば、ぐるぐると同じことをエンドレスに考えてしまって、まるでメリーゴーランド状態に陥っているときなども、この方法がオススメです。

もちろん、あなたのゴールが「八ヶ岳で迷子になること」だったら、それでもいいでしょう。

しかし、ゴールが「富士山の頂上に行くこと」ならば、俄然《がぜん》、やることが見えてきますよね！

ぐじゅぐじゅ悩んでしまったら、

「つまり、結果どうしたいの？」

「どこがゴールなの？」

と自分に聞いてみましょう。

そうすると、今乗っている「無限ループのメリーゴーランド」から降りて、ゴールに一歩ずつ歩き出すことができるでしょう。

Rule 10

地球ゲームの禁じ手、それは「自己犠牲」

地球ゲームでの禁じ手（やってはいけないこと）をご紹介します。
それは、**自己犠牲**です。
とにかく、自己犠牲をしてはいけません。

もちろん、自分以外の人、モノ、コトを大切にすることは、素晴らしいことです。これを否定しているわけではありません。
しかしながら、我々は、自分が満たされて、はじめて、周りに貢献できるんですね。

ですので、**まずは自分を大切にすることが一番です。**

順番を間違えないでくださいね、という話なのです。

さらにですね、**「自分との人間関係」が、波紋《はもん》となって、すべての人間関係の大本になる**んです。

つまりは、あなたが自分を大切にして、自分との関係を本当に素晴らしいものにしているのならば、周りもあなたとの関係で、本当に素晴らしい体験を味わうことでしょう。

反対に、あなたが自分を犠牲にしたり無理をしたりして、自分との関係を窮屈《きゅうくつ》なものにしているならば、周りもあなたとの関係で、どこか無理をすることになるんです。

「一番大切なのは自分」でいい

なぜ、こうなるかをご説明します。

自分が満たされている人は、人からエネルギーを奪いません。

自分の中が十分なエネルギーで満たされていたら、他から吸い取る必要はありませんからね。

しかしながら、自分が満たされていない人は、どうにかして他人のエネルギーを吸い取ろうとします。

どこから吸い取るか？

それは、吸いやすい人からです。優しい人、断れない人、自分より立場の弱い人が、それに該当します。

たとえ他の人間関係が円満であっても、自分の中に十分なエネルギーがない人は、吸いやすいところから吸って奪い取って、エネルギーを調整するんですね。

どんな吸い方かというのは、いろいろあるのですが、一言で言うと、相手の意識の時間を奪います。**相手に自分を意識してもらうために、あの手、この手で、相手の気を引く、何かしらの言動を取るんですね。**

また、そのときは誰からも吸わなくとも、自分の中のエネルギーが足りないので、**後からドカンと大きな反動が来る**ことがあります。

たとえば、無気力になったり、夜眠れなくなったり、食欲が止まらなくなったり、買い物しまくったり、自分を大きく見せようとしたり、理由がわからない怒りがこみ上げてきて自分が抑えられなくなったり……といった症状に心当たりはありませんか？

これは、エネルギーの循環に支障をきたしているから、起こるんです。

というわけで、

とにかく、**自己犠牲をしない！**

これを忘れないようにすることで、あなたの人間関係は、素晴らしいものに変わっていきますよ！

自己犠牲は完全「他人軸」です。

Chapter 003

「言うこと聞かなきゃアトラクション」の攻略法

たまりにたまったモヤモヤに、
今日からピリオド！

Rule 11

いちいち、「自分軸」か「他人軸」かを確認せよ

「自分軸」というのは、いついかなるときも、人生の主人公は自分であることを知っている状態です。

「他人軸」というのは、人生の主人公が自分であることを忘れ、周りに反応しまくっている状態です。

自分軸からズレると、つまり、「自分が人生の主人公であること」を忘れると、すべてがズレていきます。

というわけで、地球ゲームを楽しむためには、いちいち、自分軸か他人軸かの確認作業がポイントになります。

すべては、絶対的に、自分の自由に物事を選択していくことができます。

これが揺らぐと、不安になり、ブレブレになり、「人の言うことを聞いて従っていたほうが安心」という錯覚に陥ってしまうんですね。

「自分軸」から離れそうになってしまったときは、次の3つのポイントを思い出すと、すぐに戻ることができます。

ぜひ自分を振り返って、チェックしてみてください。

POINT 1

相手の言う通りにしなくていい！

あなたの人生の主役はあなたです。

どんな有名人であろうと、どんな地位の高い人であろうと、単なる脇役に過ぎません。役名もついていないエキストラみたいなものです。

なんでいちいち、そんなエキストラにオドオドしたり、胸を痛めたりしているんですか?

いつ、いかなるときも、自分本位でいていい! 相手の言う通りに動かなくてもいいことを知っておくことが大事です。

「相手の言うことを聞かなきゃ……」

つい、そう思ってしまう……。根強いクセになっている人が多いです。

いちいち、思い出してください!!!

この世界の主人公は、わたしだ!

すべての選択する権利は、わたしにある!

と。

POINT 2
自分の存在価値を他人に求めなくていい

あなたは、ただそこに存在しているだけで最強です。

これは、いついかなるときも、どんな状況のときも、どんな失敗をしても、あなたの存在価値は変わることがありません。

それを知っていてください。

他人に自分の存在価値を委《ゆだ》ねてしまうと、いちいち、何かの一言で落ち込んだり、感情的に当たられたときには、自分のせいだと感じて自分を責めてみたり、恋愛関係や、仕事の失敗で、グラグラに自分の価値を自分で揺さぶってしまうんですね。

また、自分のことを認めてくれない相手を否定したり、あるいは、半強制的に相手に自分の価値を認めさせようとすることもあります。

つまり、相手をコントロールしようとしてしまうんですね。

自分がやったことに対して、相手の反応が期待通りでなかったり、期待を裏切るような反応をした場合は、説教を始めたりします。

「どうしてそうなの？」

「どうしてこう言ってくれないの？」と。

このとき、心の奥にある本当の言葉はこうです。

「わたしを認めろ！！！」

人をコントロールすることで強制的に自分のことを認めさせるのは、不毛行為です。だって、相手はただ、あなたの感情に付き合ってあげているだけですから。

このアトラクションをスムーズにクリアしたいのなら、周りに認めてもらおうとせずに、自分で自分をちゃんと認めてあげることです。

それができないから、自分の代わりに周りに認めてもらおうとしてしまうんですね。このような状態は、地球ゲームにハマっているということですから、「楽しんでいる」とも言えますが……。

自分で、自分を認めてあげること！
自分で、自分を抱きしめてあげること！

いちいち、わたしはわたしを心の底から認めています。

POINT 3
「健康な人間関係なら、相手の機嫌を取る必要はない」と知る

何かにつけて、「他人に気に入られること」を優先しなくていいのです。

「誰かに気に入られることで、自分に価値が生まれる」と思い込んでいると、そこに自分という存在を依存させてしまうことになるんですね。

その対象に、自分の存在価値を求めていくことになりますから！

そして、それが得られることがなければ無価値感に悩まされますし、得られたところで満足できません。「もっともっと」と求め続け、さらに貪欲になります。

また、「他人に気に入られること」を優先する人は、「相手にとって役に立つことをしなくちゃ」とか、「特別な何かをしなくちゃ」などといった思い込みにとらわれていることが多いです。

あなたにも、「そうしないと、人から好かれない」という思い込みはありませんか？　あるとしたらそれ、**かなりの的《まと》外れであることがほとんど**です。

いずれにせよ、他人を軸に動いてしまっていると、逆に好かれないのです。これ、本当です。

さらに、「他人に気に入られよう」とすると、いつも他人の目を気にしながら生きていくことになります。

これ、かなり危険な状態です。

なぜなら、あなたの生命エネルギーが常にダダ漏れになってしまうからです。

自然の法則として、あなたが意識を向けた方向に、あなたの生命エネルギーは流れていくのです。

「こうなりたい！」という素敵なことに意識を向けるのならば、それは、先ほどもお話しさせていただいた通り、とても有意義な使い方でしょう。あなたの生命エネルギーは、それを創造するための魔法のエネルギーとなります。

しかし、他人にそれを向けてばかりいたら……？

あなたはエネルギーが枯渇《こかつ》してカラカラになり、消耗《しょうもう》していきます。

まさに、いいこと何もなし！

迷ったときは「自分の心」に聞いてみる

さて、何かにつけて相手が望んでいることを予想して、それに合わせた回答をしていませんか？　一度、自分を振り返ってみましょう。

そこで、選択に迷ったときは、いちいち次のような質問を自分自身に投げかけていくことをオススメいたします。

・それは、相手のご機嫌を取るため（相手に良く思われたい）の言葉や行動か？
・それとも、自分の気持ちに忠実な言葉や行動か？

これだけです。シンプルで簡単ですよね。

いちいち、立ち止まって、心に聞いてください。


前者が動機の場合は、これからは思い切ってやめてみるのです。

これはたいてい、幼い頃からの条件反射になっています。ですから、繰り返し、しつこく自分に聞いていかないと、うっかりするとまたやってしまいます。

大丈夫、一回で劇的に変化する必要はありません。

「あっ、またやっちゃった～」は、何回あってもいいのです。

地道に、コツコツ、自分の心に聞いて、相手に反応するのではなく、自分で選択をしていきましょう。これだけでも、いちいち、自分軸に軌道修正していくことができます。

居心地の悪い関係の場合、必ず、前者をしています。

リピートアフターミー！

これは、相手の機嫌を取るための言動か？ 自分の本心からの言動か？

そうそう……、心の成長過程の段階で（実年齢は関係ありません）、保護者に、怒りをぶつけられる人というのは、心が健康である証ですからね！ ちゃんと自分の心を尊重して、親や先生に反抗することって、めちゃくちゃ大事です。

えっ、本当はムカついているのに、まだいい子を演じてる⁉

今すぐ反抗してきてください。（笑）
宿題です。

Rule 12 「一度決めたこと」に引きずられない

一度何かを決めたけれど、後からそれを変更したくなるときはありませんか？
理由はさまざまですが。

一回、やると言ってしまったから、
もう、メールを送ってしまったから、
人に迷惑をかけたくないから……。

ちょっと待って！　それって勘違い！
心の中でモヤモヤを温存しながら、周りや相手に合わせていることこそ、相手にとっては大迷惑！　ということはしばしばあります。

あなたが心の中で思っていることって、な～んとなくという感覚で、相手にも伝わります。

たとえば、体調が悪いのに無理をして参加したところ、顔がこわばっていたり、「痛たタタタ……」などつい口走ってしまったり。

周りからすればこの状況、めちゃくちゃ気をつかいますよね！

それくらいなら、無理せず行く前に断ってあげたほうが、よっぽど相手やみんなのためってことも大いにあります。

無理したり、自分にムチを打って頑張ったりしているほうがえらくって、自分の気持ちに、正直に行動することはえらくない……。

もしそんな思い込みがあるのなら、そのシステム、すごく古いデータです。過去の地球ゲームでは、通用したのかもしれませんけどね。

今すぐそのシステムを、最新バージョンにアップデートしてください。

「自分の気持ちを正直に伝えたり、行動することこそが、みんなのためになる」と。

イライラしているときは、黙り込んだままただ不機嫌になるのではなく、

「ごめんね、わたし今、イライラしていま～す！」

って知らせてあげたら、すごく親切ですよね！　周りの人も、変に気をつかわずにいられます。

「気まぐれ」こそ「必然」です

体調の変化もしかり、途中で気持ちが変わることって、人間には普通にあることですし、わがままでも何でもありません。また、後から、「あっ！」と何かに気がつくことだってあります。

「心は地球ゲームのセンサー」だと、27ページで述べましたよね。

「その気まぐれに意味があった」ということだって、地球ゲームではよくあるんです。

また、体調不良など、体のことなら第一に優先してちゃんと予定を変えられるのに、つい、心のことは後回しにしてしまう人がいます。

気疲れやストレスがたまっていても軽視して、無理をしてでも頑張って動き続けてしまう人です。

でも、心も体と同様、あるいは、それ以上にとても大切です。

というか、心のことこそ、後回しにしないでくださいね。

これ、本当に大切です。

さあ、人間関係であっても、仕事のやり取りであっても、「あれ?」とか、「ちょっと変えたい!」とか、あるいは別の提案を思いつくなどしたら……。

最初、自分が言ったことに引きずられずに、その時々のあなたの心に従うこと、気持ちを伝えることをオススメします。

これ、ものすごく大事です。

予定はいつでも「変更可能」

そして、伝えるならば、できるだけ早いほうが親切です。

「大丈夫かな……」

「今さら言い出して、怒られないかな……」

大丈夫、あなたが思っているほど、周りにとっては、大したことではないことがほとんどです。

相手に迷惑がかかるかもしれない場合は、

「もしも、まだ大丈夫だったら、変更をお願いします！」

「もしも、可能だったら、お願いします！」

これだけでいいんですよ！

それ……、

「相手に聞いてみな！！！」

仕事のやり取りに関しても、友人との約束に関しても、

早く、聞いておけばよかった！

早く、伝えてよかった！

という体験をたくさんするようになりますよ。

そして、あなたはだんだん、安心感を抱くようになります。

案外、イケる！　って。

聞いて（言って）みるもんだな〜！　って。

あなたを動かせるのはあなたです。あなたの判断で、「逃げるときは逃げる」「辞めるときは辞める」でいいんですよ！

一回言ったこと、一回決めたこと、一回約束したことに、囚われなくてもいいことを知っておきましょう。

もっと自由に生きてくださいね。

Rule 13 気が乗らないことは、上手に断っていい

断るのが苦手な人がいます。

これは、〝断ろうアトラクション〟にハマって、ずっと遊んでいる状態です。

そして、うまく断れずに、ストレスをためたり、相手の愚痴を言ったりしているんですね。

このアトラクション、なかなか巧妙にできています。たとえば、相手も相手で、少々強引なところがあったり、あなたに何かを頼むときだけ優しくなったりと、あなたの心をかき乱していくこともあるでしょう。

仕方ありません。だって、そういうアトラクションですからね。(笑)

次からは、絶対にやりたくない！
もう、こんな会社、辞めてやる！
もう、連絡取らない！

などと自分に誓《ちか》ったりもするでしょう。

しかし……、それができないのです。

それは、自分の主導権を相手に委ねているからなんですね。

逆にいうと、断るという精神的な労力よりも、「そのまま引き受けてしまったほうが楽」とさえ感じてしまっていたりするんです。

この罠は、このアトラクションだけでなく、いろんなアトラクションに共通しています。

相手に嫌われたくない（断ったら嫌われると思い込んでいる）
相手に気に入られたい（引き受けたら気に入られると思っている）

などと、相手のためではなく、「相手から自分がどう思われるか」ということが動機になっている人も、とても多いんですね。

このアトラクションから、早く抜け出したいですか？

これは、「あなたが上手に断ること」ができるようになるまで続きます！

「断る」にも練習が必要です

まるで武術の修練のように、「断る練習」をしましょう。

あなたが、ワクワクしないことだから断ろうと嫌われることはないですし、引き受けても、引き受けなくても、あなたそのものの存在価値とは、全く関係ないのです。

そもそも、何もしなくても、あなたの存在価値はものすごくあります。

ちなみに、断るときの理由を、いちいち「なんて言おう……」と悩む人がいますが、断る理由って、別に言わなくていいんですよ！

「やりません！」

「行きません！」

「いりません！」

以上。

「違う！」「嫌だ！」「めんどくさい！」と思っていることがあれば、いちいち、ちゃんと断ること。
これが、このアトラクションの乗り越え方です。非常にシンプルでしょ！（笑）
あっ、でも……。
いいんですよ！　クリアを目指さずにこのアトラクションでずっと遊んでいても。それが地球ゲームですからね！

「もしよかったら……」の一言で、救われる

ちなみにですね、誰かに何かを頼んだり、誘ったりするときに、相手が断りやすいように配慮してあげることって、大事です。

誘ったり、オススメをしたりするときって、「わたしはこれに興味があるのだから、相手もそうに違いない！」と思い込んでしまいがちですよね。

しかし、それが大間違いだった……ということって、よくあります。

自分が「いい」と思うことと、相手が「いい」と思うことは、違っていて当たり前なんです。

また、断ることが苦痛な人や、そもそも、断れない人っています。そういう人にとっては、あなたの善意のお誘いやオススメが、大きなストレスになってしまうことも、ありえます。

また、人間誰しも気分というものがありますので、最初、話が出たときに、

「行く～～～！」とか、

「欲しい～～～！」とか、

「観たい〜〜！」とか、

たとえ、ノリノリで言っていたとしても、後になってから、**「あ〜やっぱり……、家でゆっくりしていたいな〜」**と心は変わっていったりします。

他にも、たとえばその後、猛烈に忙しくなって、心の余裕がなくなってしまうこともあるでしょう。

人間なら誰でも、最初に言った言葉と、後の行動が違うことって、普通にあることなんですね。

こんなことも踏まえて、何かを頼んだり、お誘いしたり、オススメしたりするときには、「断っても全然いいですよ〜」の道を相手に示してあげることって、すごく親切なんですね。

たとえば、

「もしよかったら……」

「奇跡的に空いていたら……」

「たまたまタイミングが合えば……」

などといった言葉をつけるのがオススメです。

たった一言、付け加えるだけで、相手に罪悪感を与えずに、断れる道をつくってあげることができますね！

Rule 14

わざわざ「居心地が悪い人」と会わなくていい

このアトラクションも、すごく人気があります。
たとえば、こんな状況に心当たりはありませんか？

・同じクラスの女子グループやママ友付き合い。本当は苦痛で仕方がないのに参加している
・共感したくない話をしている人に混じって、共感しているふりをしている
・家族や親戚の集まりが苦痛で仕方がないのに、行かなければいけないと思い込んでいる

これは、「周りにどう思われるかを気にしている」ことが、罠になっています。

その状態では、完全「他人軸」です。

自分を生きていません。

何度も言いますが、**地球ゲームの、さまざまなアトラクションをクリアするには、自分軸で生きていることが最低条件なんです。**

ですから、このアトラクションは、「わたしは、周りにどう思われても構わない！」という方向に意識を転換すれば、あっさりクリアすることができます。

「距離を置く」という優しさもある

人って、自分にしか興味がない生き物です。

ですので、他人からどう思われているかばかり気にしていても、意味がないんです。ただの「取り越し苦労」なんですね。

だって、人は、自分自身にしか興味がありませんから。あなたのことをいちいち気にしてなんかいられないのです。

そこに気づくことから始めましょう。

また、相手が何となく自分のことを嫌っているように感じるのであれば、そっとその場を離れましょう。

あなたがいないほうが、相手も楽なんです。

ですから、**無理矢理会わなくていいし、参加しなくてよし！**

心の中の気持ちって、ふわっとしたものは伝わりますからね。ですので、こちらが嫌であれば、相手もそれにうっすら気づいて嫌になるんですね。その逆もまた然りです。

「こんな「思い込み」に囚われない、縛られない

また、家族だからって親戚だからって、嫌なのに定期的に会わなければいけないという思い込みがあったら、手放してください。

そんな思い込みは、いらないです。

別に会いたくなかったら、会わなければいいだけなんです。

あなたの行動の決定権は、あなたにあります。他の誰も、その権利を持っていません。

「○○しなければいけない」という思い込みは、いわば〝洗脳〟のようなものです。もし、今まで持っていたならば、今すぐ自分を解き放ってください。

そもそも、合わない人と会う必要はありません。

わたしたちは、仲良くなる人を自分で選べます。

これを忘れないでください。

そして、周りは所詮、映像です。

周りを主体にすれば、どんどん映像の世界に入り込んで脱出できなくなりますし、あなたの中にある素晴らしい創造性を使わないまま、人生が終わってしまいます。

なんてもったいない！

周りを主人公にしていたら、すぐに、「これらは単なる映像だ！」ということを意識するといいでしょう。

Rule 15

人に「わかってもらおう」としすぎない

価値観って、本当に人それぞれ、みんな違います。

しかも、それぞれ個々人は、それが正しいと思っています。

だから揉めるんです。

これだけなんです。非常にシンプル。

そして、言葉一つとっても、概念やニュアンスのとらえ方、受け止めたときの感じ方も違います。特に異性の場合は、「宇宙人」対「宇宙人」だととらえてみるといいかもしれません。

ですので、

「何でこんなことも理解してもらえないんだ？」

とイライラするのではなく、「理解できないのが普通」ととらえておくといいでしょう。いくらあなたが常識と思っていることでも、相手の価値観の中にそれがなければ、相手はわからないのです。

伝わらないことを相手のせいにするのではなく、伝え方を工夫することのほうが大事です。

頑張って伝えようとしたけどどうしても伝わらない場合は、あなたの概念にあっても、相手の概念にはないということも多いです。

「価値観」は全員違って当たり前

「わたしが正しくて、あなたは間違っている！」というのは、価値観の押し付けです。
価値観を押し付けられたら、誰だって嫌ですよね。
戦争の原因もこれです。

自分に無い価値観を無理やり植え付けられたところで、意味がわからないでしょう。

だんだんめんどくさくなってきて、とりあえず謝っておこうとか、理解しているフリをしてやり過ごそうという手段に出る人もいるでしょう。

本当は全然納得してないけど、本当は全然意味がわかんないけど、とりあえず「うん！」と言っておけばいいか……といった具合です。

そんなの、全然うれしくないですよね！

つまり、やたらめったら、わかってもらおうとしなくていいんです。

そして、わかってもらえないからと、イライラする必要もありません。

これは、特に親子関係で言えます。親子でも、価値観は人によって千差万別ですし、親の地球ゲームのOSは、子供のOSと比べるととても古いのです。

うまくいく人間関係は、価値観が違うことを、理解し合える関係です。

Rule 16

自分の「正しい」を人に押し付けない

親子とか親友とかパートナーとか……。

関係はいろいろですが、自分と距離感が近い人に対して、

「わたしと同じ価値観じゃないと嫌！」

という人がいます。

でも、それは、あなたの正しいことであって、あなた以外の人が正しいと思うわけではないのです。

なんでわかってくれないの⁉

普通こうじゃないの⁉

と相手に対して思ってしまうことが多い場合は、**「価値観は、全員違うのが当**

たり前！」というふうに、自分をアップデートしてください。

いちいち、自分と価値観が違う人の悪口を言っていたら、キリがありません。「価値観のすごく違う人」と「少しだけ違う人」といった具合に、程度に差はありますが、自分とぴったり全く同じという人は、存在しません。

「もし、立場が入れ替わったら」と考える

まとめましょう。
くれぐれも、自分の「正しい」を、相手に押し付けないこと。
あなたの「正しい」は、相手にとって「？？？」のこともあります。
何が正義で、何が正義でないかも、人によって違います。
○○だったら、普通するのが当たり前だ！
○○は、決して許せないことだ！

○○すべき、○○が普通、○○しなければいけない……、

という概念も、人それぞれ違います。

相手には、相手の理由、そして、その概念ができた歴史があります。

相手の行動に納得できないときは、「あなたがもし相手と入れ替わったら」と想像してみましょう。

その場合、相手の歴史を通過することになるわけですから、その人と同じ概念をあなたも持つようになるわけです。同じ選択を迫られたとき、あなたもきっと、相手と同じ行動を取るでしょう。

ちなみに、一番厄介《やっかい》なのは、自分の価値観や思っていることを、相手に伝えていないのにもかかわらず、

「相手は察してくれているはず！」

「きっとわかってくれている！」

という甘えや思い込みを、手放さない人です。

こういう人に限って、相手に伝えていないのに、伝わっていないとイライラするんですね。

しかし、こんなときは、こう問いたいです。

「あなたは、もしかして、エスパーなのですか⁉」

Rule 17

地球ゲームは、「あなたの解釈」がすべて

人生で体験することは、ほぼ同じであっても、人は、それぞれ受け取り方が違います。しかも、少々厄介なことはですね、わたしたちは、みんな、「自分の解釈が正しい」と思っているんです。

ちなみに、どんなことであっても、前向きで、建設的な受け取り方ができる人は、免疫力も高いんですね。

マイナスに受け取ってしまうと、妄想が暴走し、勝手に苦しみ始めます。

自分をいじめたり、誰かのせいにしてみたりと、その苦しみはエンドレスです。

そして、免疫力も下がります。だから、病気になりやすくなりますし、ついには、

何もやる気が起きなくなってしまうこともあるんですね。

しかしながら、受け取り方、つまり「解釈の仕方」は、あなたが自由に選べるのです！

どんどん、より素敵な解釈の仕方にアップデートしていきましょう。

この解釈の仕方で、あなたの住む世界は天国にも、地獄にもなります。

自分の「思考のクセ」がわかる練習問題

具体的にどういうことか、練習問題をしてみましょう。あなたは普段、次の状況に立ったとき、A・B・Cどの選択肢を選んでいますか？

たとえば、少し機嫌が悪い人がいたとして……。

A　おや、まあ！（ただ驚くだけ（笑））

B　あの人に、何かあったんだろうね～。

C　わたし何か悪いことしちゃったかな……わたしはダメ人間だ……。

仕事でミスをしたとき……。

A　早くわかってよかった！

B　今日は運が悪かったな～。明日頑張ろ！

C　わたしは、もうダメだ、生きていけない……。

SNSで充実した生活をアピールする人を見ても……。

A　あ～、楽しそうだね～！

B　わたしもここ行こうかな～！

C　自慢ばっかりでうんざり！

何か商品の広告・宣伝を見て……。

A　へ～、こんな商品があるんだね～。
B　興味がないから、何とも思わない。
C　高いよ！　ムカつく！

誰かと目が合ったとき……。

A　あれ!?　あの人、わたしに気があるのでは!?
B　何とも思わない。
C　ジロジロ見られて、すごく嫌！

おわかりでしょうか？

誰かが自分の意見を言ったときにも、「客観的にとらえられる人」もいれば、「責められていると感じる人」「価値観の違いにイライラする人」……いろいろいるんですね。

有名人の発言に、勝手に、いちいち感情をグラングランに踊らされ、愚痴を言ったり、ネットに書き込んで、相手の思想を、なんとかして自分の思想に合わせるように、コントロールしようとする人もいますしね。

これらは本人のエネルギーの無駄遣いですが、地球のアトラクションを十分に楽しんでいるとも言えるでしょう。

解釈は本当に、受け取り方によって、バラバラです。

そして、感情を踊らせて堪能しているのは、他の誰でもなく、その人自身の仕業です。

幸せな人は、「解釈の達人」です。

何かあっても、宇宙からの調整ね〜!

何かが壊れても、新しいのにしたほうがいいってことよね〜!

といった具合です。

解釈上手になりたければ、真面目になりすぎたり、いちいち深刻にならないこと! それが解釈上手になるコツです。

Rule 18

「幸運のサイン」を見つけるのがうまい人

また、解釈の達人は、自分にとって都合のいい、いろいろな情報を、身の回りの環境からすらも、取得していきます。たとえば……。

きれいな鳥に出会ったから、いいことありそう！
虹《にじ》を見たら、きっとうまくいく！
タイミングよくタクシーがやってきたら、これは、今からやることが「OK、すべてうまくいく」の証！

といった具合です。日常の、ちょっとしたうれしい出来事を「幸運のサイン」

として受け取っていくんですね。
これを自然にできるようになれば、何を見ても幸せを感じるということですから、もはや、天国の住人というわけです。

「いいこと」しか起こらない、それが地球ゲーム！

繰り返します。

みんな同じことが起こっていて、ただ解釈が違うだけ。
それによって、幸せか不幸かが決定されるのです。

すべてを「いいこと」として解釈をする練習をしていくといいでしょう。それ自体も楽しめますし、いつの間にか解釈上手になっていきますから。

もし「自分はいつも、誰かに、責められている」と感じてしまうならば、それは、あなたが自分で自分をいじめるクセがついているということです。

自分をいじめるクセがついていると、たとえ人から褒められても、素直に受け止めることができません。

あの人は「いいね」って言ってくれたけど、きっとお世辞なんだ……。

本心では、わたしを嫌っているに違いない……。

こんなふうになぜか、自分にとってマイナスの解釈をします。

他にも、たとえば関係が親しくなると、相手があまり気を使わない発言を、あなたに、言ってきたりすることもあるでしょう。

自分をいじめるクセのある人は、それに対しても、いちいち過剰反応してしまいます。

相手からおちょくられていると解釈したり、馬鹿にされていると思ったり。

あるいは、何か自分が言ったことや行動で、相手に嫌われてしまったのではな

いか……など、いちいち気を揉んでしまうんですね。

「自分をいじめるクセ」からそっと抜け出すには

しかしながら、自分が思い込んでいる、受け取っている解釈がすべてではありません。

それは、自分側からしか、相手を見ていないんですね。

相手の気持ちを理解しようとすると、違う一面が見えてきます。

相手は、あなただけにしているのではなく、親しくなるとそういう性質が出てくる人なのかもしれませんし、ただ、なんとなくノリで言っただけかもしれません。最近、イライラしていて、ちょうど、あなたに当たってしまったということもあるかもしれません。

相手の立場で、世界を見る練習をするといいですね。

結構、相手にとっては、何気ないことなのに、言葉の受け取り方、解釈の仕方で、揉めたり、勝手にムカついたり、悩んだりすることが多いですよ。

あなたの解釈が正しいとは限りませんし、解釈はみんな違いますし、解釈で、住む世界が変わります。

Rule 19

うらやましい人には「否定」ではなく「認める」

自分よりも楽しそうな人、幸せそうな人、うまくいっている人、才能のある人、要領が良い人……を見ると、相手のマイナスなポイントを探したり、見つけたらそれをいじったりと、躍起《やっき》になって相手を否定する人がいます。

何がしたいのかというと、どうにかして勝ちたいんですね。

そうやって一生懸命、自分自身や周りの人に対して「あの人より、自分のほうが上だから！」と説得してプライドを保とうとしているのです。

なぜなら、相手を「いいね」と言って認めてしまっては、自分の負けを認めることになると思っているからです。

こういう人は、それと同時に、自分が周りからどう見られているかも、知らず知らずのうちに、強く意識しています。

こうなると、完全「他人軸」なのです。

相手を認めると自分にもその許可が下りる

そして、ここで、地球ゲームで最も大事なポイントがあります。

それは、「『いいな』と思う相手を認めると、自分にもそれがＯＫの許可が下りるようになっている」ということです。

これ、地球ゲームの本当に大事なルールですから、蛍光ペンで線を引いておいてください。

つまり、自分よりも楽しそうで、幸せそうで、うまくいっている人、要領が良い人を見たときに、相手を否定するのではなく、逆に認めることで、あなたの世界はどんどん素敵に変わっていきます。

あなたが否定している限り、その人のような素敵な状態に到達することはできません。

他人を認めることで、自分自身に「あなたもそうなってOK！」の許可が下りますから、その人の段階に到達することもできますし、それ以上に素敵な世界を創造していくことも可能になってくるわけです。

逆をやっていたら、相当、もったいないですよ！！！

これができると、あなたは数多《あまた》の地球ゲーマーの中でも、なかなかの達人レベルにレベルアップできます。

エンジョイ！

Rule 20 運のいい人のマネをするとGOOD!

あなたの周りに、運がいい人はいますか?
その人の「何かしらの要素」を取り入れるだけで、あなたの運は上がります。
これは、シンプルで簡単なのに、絶大な効果があるんですね。

どの運を上げたいかによって、マネする人は変えていいんです。

金運は、○○さん、
仕事運は、○○さん、
恋愛運は、○○さん、

結婚運は、○○さん、
健康運は、○○さん、
あるいは、
全体運は、○○さん、
でもいいでしょう。
思い浮かぶ人がいたら、その人の要素を何かしら一つ、取り入れてみましょう。

「何か一つ」で、自分まで運気が爆上がり！

ポイントとしましては、**何か一つ、取り入れるだけでOK**です。
モノマネ芸人のように、まるっとその人のマネをする必要はありません。
さらに言いますと、無理をせず、自分にもできることでいいのです。

たとえば、

同じボールペンを使ってみるとか、
メイクをマネてみるとか、
その人の習慣を聞いてみて、自分にもできそうなことを一つ取り入れてやってみるとか。

マネをする人は、実際の知り合いでもいいですし、会ったことがないけど、憧れている人でもいいでしょう。
何か一つを、具体的に取り入れてみてください。

Chapter 004

「自分なんて…」地獄から今すぐ抜け出そう

「あなたが素晴らしい」のは、
決定事項です

Rule 21

「ありのままのあなた」が一番好かれる

「ありのまま」を隠すことで、人から好かれようとしていませんか？　これ、すごい逆効果です。

わたしたちは、「ありのまま」のほうが人から好かれるようになっているからです。それが、この地球ゲームの設定なんです。

もっと言うと、「ありのまま」を隠そうとする人というのは、他人の気持ちを理解しようとせずに、他人に自分をどう印象づけるかばっかり考えているとも言えるんですね。

人って、誰しもスピリチュアルな生き物ですから、そういうわざとらしい雰囲気って、なんとなく感じ取ります。

一見すごく優しそうに見えたとしても、自分のことしか考えていない人、つまり、思いやりがない人って、すぐにバレてしまうのです。

あなたも逆の立場になれば、わかると思いますが。

あなたに対して、あなたのことを知ろうとするのではなく、あなたに自分がどう見えるかばっかりを気にしている人って、つまらないと思いませんか？

結論を申します。

基本的に、相手に特別に何かしなくても、相手はあなたに満足していることを知りましょう。

何かをすれば気に入られ、何かをしなければ気に入られないという関係性だったとしたら……。

それ、ぶっちゃけ、奴隷《どれい》関係です！！！

「自然体で生きてる人」が最強なわけ

ちゃんと、自分を生きてください。

それでですね、何度も言いますが……。

人の役に立てば気に入られ、尽くせば気に入られ、その逆をすると気に入られないという、根強い思い込みがある場合は、それ、勘違いですから、今すぐキャンセルしちゃってください！

でも……、今さら、どうやったら人から好かれるのかわからない？
どうやったら、「自分にも魅力がある」って信じられるのだろう？

そんな悩みを解決する方法は、簡単です。

もっと、目の前の人のことを、知ろうとしてみればいいだけなんです。

自分を偽って、自分を守るのを優先するのではなくて。

簡単でしょ！

これも、ものすごく大切なので、蛍光ペンを引いておいてください。

「そのままのあなたが超魅力的！」という鉄板ルールを、ほとんどの人が忘れてしまっている。

あなたが自分を隠せば隠すほど、好かれる努力をすればするほど、虚勢を張れば張るほど……。

つまり、無理をすればするほど、好かれません。（笑）

相手の気持ちを思いやっていないからです。こういうのってすべて、「自分がどう見られるか」が主体なんですね。

そして、何度も説明していますが、相手の心の波動って無意識に感じ取るので、これをしていると、「は⁉」と相手は受け止めます。

違和感を感じ取るのです。

「体からのサイン」が伝えようとしていること

さらに、あなた自身、自分を偽れば偽るほど、鬱《うつ》や体調不良、肩こり、腰の痛みなどの身心のトラブルに悩まされるようになっていきます。

これは、**体からのサイン**です。

体は、本当のあなたからズレると、アラームのように「ズレてますよ〜!!!」って教えてくれるんですね。そして、本来のあなたに戻そう、戻そうとお知らせしてくれているんです。

優しいですね!

ですので、その痛み、体調不良というアラームを消そうと躍起になるのではなく、体の声を聞くこと。それが大事です。

そのままのあなたを打ち消そうとするから、体と心がすごくズレるし、おかしくなるんですね。本当に、大きな勘違いです。

そして、たいていの場合、「相手にどう思われているだろう?」というあなたの想像の解釈は、間違っているんですね。

無理をやめればいいだけです。全部これ！
クリアの仕方は、とてもシンプルなアトラクションです。
でも、ずっとこのアトラクションで遊んでいたい人は、ずっとやっちゃうんですよね。
そのままの魅力を弱点ととらえて、ひたすら、自分を偽る行為を。

Rule 22

「自分以外の何者か」になろうとしない

みにくいアヒルの子のように、誰かと比較されながら育つと、いつも、周りと自分を比較する人になってしまいます。

また、小さい頃、「ありのままの自分を認められている」という実感をあまり得られなかった場合も、そうでしょう。

たとえ比較されてなくても、勝手に「比較された！」と受け取ってしまったり、あるいは、自ら比較をしたりしてしまうんですね。

そして、

みんなに合わせなくては！

なんで、わたしにはできないいんだ!?

と、必死で自分以外の何者かになろうとするようになっていきます。

そして、人と違っているところ、マイナスと自分で思い込んでいるところ、人からネガティブに指摘されたところ……にばっかり目を向けて、落ち込みます。

あなたには、素敵なところが沢山あるのに!!!!

他人との差異を「何とかしよう」としない

こうなると、ちょっとしたことでも、他人との差異が気になります。

つまり、相手が自分よりうまくいっていれば(あるいは、そう感じてしまうときに)、自分をひたすら責めたり、あるいは、相手を否定したりするようになります。

そうすることで、自分の存在価値を、守ろうとしているんですね。

また、全く関係ない人に当たったり、いじめたりして、満たされない自分の気持ちの調整をつけようとする人もいます。

そうすると何が困るかというと、まず、あなた自身が苦しくなるばかりということです。また、あなたから苦しい波動が出るので、苦しい現実を創造してしまいます。

「比較のピント」は合っている？

ここで、「地球ゲームのルール11」（72ページ）を思い出してください。

そもそも、人と比較してしまうということは、完全「他人軸」なんです。

自分は、自分であることを、なぜかすっかり忘れてしまい、周りによって、自分の存在価値を定義づけようとしています。

自分がどこにもいない状態とでも言いましょうか。周りにどう見られるかを、重要視してしまいます。

しかもですよ！

そういうときって、ものすごく視野が狭くなっています。他人からすると「そこ!?」というような部分にハマり込んで、なかなか脱出できなくなっているんですね。

誰かに何かを言われたときや、誰かや何かと比べて落ち込んでいたとしたら、**そのとき、自分が比較している物事の範囲が、いかに狭いかを知るといいでしょう。**

たいがい、膨大な価値観の中の、たった一つの価値観の縛りの中で、比較したり、されたりしています。

まあ、そのほうがドラマになりやすいから、地球ゲームをより深く堪能できるわけではありますが。

Rule 23

「あなたのまま」が最高で最強！

そして、他人軸になっているときって、こんな思い込みに縛られていることがよくあります。

無理をしてでも、誰かに合わせなければいけない、合わせないで、そこに居場所がなくなるのが怖い！

こんな錯覚をよく起こしていませんか？
それは、超ＳＭプレイです。自分で自分をいじめて楽しんでいます。
もちろん、あなたがそれを楽しんでいるのならいいのですが……。

そればかりに没頭していると、地球ゲームのクリアからは離れてしまいます。

あなたは、あなたになればいいのです。
別の「誰か」にならないでください。

あなたがあなたになることで、最高に楽しい地球ゲームになるように、プログラミングされているんです。

猫は、「ニャ～♪」と鳴くようにプログラミングされています。
「ワン♪」と吠えられないからといって、落ち込んでいる猫はいません。

それぞれが、それぞれのオリジナルの魅力があります。

もしも、自分以外の誰かになろうとしていたら、そうではなく、あなたは、あなたになってください。どうすればいいかというと、自然体で、一番心地いい状態でいればいいのです。

「あなたのまま」が最高なのです。

Rule 24

「他人との違い」が気になるときは、こう考える

ちなみに、自分軸の人は、誰かや何かと比較したとしても、

「あの人のこういうところがいいな。じゃあ、自分ならどうすれば、そうなれるかな!?」

などと、クリエイティブに、豊かに成長する方向に解釈していくことができます。

また、誰かに何かチクリとするようなことを言われたとしても、

「そういう考え方もあるよね～」

以上です。

他人は勝手に、その人の目線で比較したり、期待したり、批評したりしてるだけ。気にする必要はありません。

もし何か言われたら、こう言って受け流せばよいだけです。

「わたしは、そのタイプではありません。ど〜ぞ！」（トランシーバーの返答のように。〈笑〉）

くれぐれも、自分以外の何かになろうとしないこと。

あなたは、他の誰かではなく、もっと、あなたを生きてください!!

あなたは、あなただ！！！！


ここで、わたしの好きな空海のお言葉をご紹介します。

「もし自分に適していることにその能力を使うなら、物事は極めてうまくゆく。しかし、自分に向いていない物事に、その能力を使うなら、労多く益は少ないだろう」

あなたとあの人は、生息地も、趣味趣向も、何が似合って、何が似合わないかも、波動も、出る音も、思考も、進む道も、必殺技も、ゴールも、何もかも違うのです！

Rule 25

「現実に起きたこと」と「あなたの価値」は関係ない

現象と自分を一緒にさせないようにしましょう。
うまくいってもうまくいかなくても、あなたは重要な存在です。

誰かに何を言われようと、
何かをして失敗しようと、
成績が微妙だろうが、
面接に落ちようが、
人から認められなかろうが、
それらは、ただの現象であって、あなたは「じゃあ、次はどうしようか⁉」と考えて行動すればいいだけの話です。

あなたの存在自体の価値とは全く関係ありません。

存在価値は、永遠に不動の地位があります。でないと、地球ゲームに参加できないことになっています。

ここを忘れないようにしてください。

勝手に「罪悪感」を抱かない

ちなみに、ちょっと話がそれるかもしれませんが、たいがい、相手のイライラは、相手の問題です。ということを知っておくことは大事です。

その人に何かあったんです。それは昔の満たされていない感情が出てきたのかもしれませんし、昨日のことかもしれません。

相手の機嫌と、あなたの存在価値も、何の関係もありません。

よく、距離感の近い人から、当たられて嫌な思いをしている人が多いのですが、そんな場合は、相手は、自分で自分の感情をコントロールできないがために、あなたに甘えているだけです。

なので、相手の機嫌を取る必要はありませんし、ビクビクする必要もありません。ちょっとの間、避難して、あなたはあなたの波動を整えていましょう。

Rule 26

みんな、あなたの味方です！

恥ずかしがり屋で、あがり症を楽しんでいる人がいます。

特に面接なんかでは、緊張しすぎて固まってしまう……。

でもですね……、
みんな、あなたに、そんなに興味がありませんし、注目していないのです！

逆に言うと、あなたのこと、嫌いではありません。敵だとも思っていません。

ニュートラル（中立的）に見ています。

だって、あなたもそうでしょ！ 人を見るとき。特別な感情を持って、いちいち見ないですよね。

で、コツがありますよ。
み〜〜〜んな、自分の味方だと思うといいですよ！　そうそう悪い人って、世の中にいないですからね。
みんな、わたしの味方です！

はい、リピートアフターミー！

「みんな、わたしの味方です！」

ぜひ、毎日、そう言い聞かせて、人に会ってください！

不安になったら、こう考える

あとですね、先ほども書きましたが、人って、自分にしか興味がない生き物です。ですので、人からどう思われているかばかり気にしていても、ただの取り越し苦労なんですね。

あなただって、誰かの失敗をずっと思い出したりなんかしないですよね。

ていうか、そんな時間があったら、蚊に刺されたかゆみや、自分の顔の細かいシワのほうが気になりますよね！（笑）

そんなものです。

わたしは20代の頃ＯＬをしていたのですが、当時の部長に、久々に連絡を取ったことがありました。

そのメールでは、最初の「お久しぶりです」の挨拶の後はですよ、ごくごくたわいもない話題（その上司の足の親指の骨折の話）がほとんどだったんです。

他人なんて、そんなもんです！

人からどう見られるかを気にしていることは、本当に時間の無駄！

あなたが、

「あの人、さっきのこと、どう思ったかな」

「怒っているのかな」

「嫌われちゃったかな」

なんて気にしている頃、相手は「今日の夕飯、何食べよう」とか、「あのバッグ買おうかな……」とか、全然別のことで頭がいっぱいです。

「ユルんでる人」ほど愛される理由

ちなみにですね、相手の反応は、こちらの転写なんですね。

つまり、こっちがユルむと、相手もユルむんです。 スプーン曲げの原理と一緒ですね！

あなたの周りにも、「この人がいると、なぜか雰囲気がよくなるな〜」っていう人がいると思います。

そういう **「自然と場を和ませることができる人」って、ユルんでるんです。**

『釣りバカ日誌』のハマちゃんって、いっつもユルんでいますよね！

あんな人が面接官だったら、楽しいし、リラックスできますね！

あなたもぜひ、これからは、他人に対して身構えるのではなく、ユルんだ状態で話しかけてみましょう。

Rule 27 いつも誰かに「決めてほしい人」に伝えたいこと

何かを決める最終決定権は、あなたにあります。しかも、何を選んでも良いのです。遠慮する必要はありません。

しかしながら、何かにつけて、誰かに決めてもらおうとする人がいます。

しかも、そういう人の中にはなぜか、いつも「否定的な人」に相談する人がいるのです。彼ら彼女らは、否定的な人に相談して、却下されて、

「そっか、そうだよね」

「自分には、無理だよね」

と言って、行動を起こすことをあきらめます。

そうして、安心しているのです。

否定的な人に、やたら相談しない

一見、かなり謎な行動です。これはどういう心理かというと、否定的な人に育てられた人は、大人になってからも、無意識に否定的な人を求めてしまいがちなんです。

そのほうが、信用できると思ってしまったり、そのほうが、愛されていると錯覚してしまったり。

人から認められようと頑張りながらも、それと同時に、自分を決して認めてくれない人に依存しているんですね。

これってつまり、自分の存在価値を、否定的な人に判断してもらおうとしているのです。否定的な人というのは、絶対に他人の価値を認められない人なのに。

この状態を続けるのって、ずっと苦しいですよね！

そろそろ、周りに決めてもらうのをやめて、自分で決めていいことを知りましょ

う。

だって、あなたは、あなたしかいませんからね！

「この人に相談すると、いつもなんか貶《けな》されるな……」と思っていたら、相談する人を間違えている可能性が高いでしょう。また、そういうタイプの人に、自分を認めてもらおうとしていないかどうか、いったん、俯瞰《ふかん》してみましょう。

自分で決める練習をしましょう。

だって、自分で決めていいんですから。

Chapter

005

「いらない感情」を手放すと、グーンとレベルUP!

「とらわれない心」が
「いいこと」を引き寄せる

Rule 28

「自分の感情」に〝見て見ぬふり〟をしない

自分の感情を自分から隠すために、心の中にしまい込もうとする人がいます。

しかし、そんなことをしても、そのエネルギーはなくなりません。

ちなみに、この隠そうとする感情は、たいがい**「怒りのエネルギー」**であることが多いです。

怒りのエネルギーは、本人が忘れた頃にいろんな形に化けて出てきて、あなた自身を振り回します。

たとえば、具体的な病気や痛みなど、体調不良として出てくることもありますし、被害者意識（「こんなにかわいそうなわたし」として、みんなにあやしてもらおうとする）という形で出てくることもあります。
人を選んで自分の不機嫌モードを出すという形になることもあります。

「無視する」ではなく「受け入れる」

これらは、やめたくても、なかなかやめられません。自分で自分をコントロールするのって難しいのです。

でも、最初の、誰に対しての怒りを葬っているのかを思い出して、それに自分で気がつけば、これらの暴走は治まります。

本当の自分の気持ちにフタをしてを見て見ぬふりをするより、自分の気持ちを、すべて認めて受け入れたほうが、このアトラクションは早くクリアできるんですね。

そして、あなたが抱いているいちばんの怒りは、自分のモヤモヤをうまく相手に説明できない自分への怒りだったりします。

伝わらない怒り！

わかってもらえない怒り！

そして、自分への怒り！

さあ……、この怒りを、どうしましょうか。

「怒りのエネルギー」を自然に浄化するには

怒りを消化して自然に鎮めるには、いろいろな方法があります。

言葉で人に伝える練習をするのもいいでしょう。

一回でわかってもらおうとしなくても大丈夫です。

ポイントは、「自分の気持ちを伝えるだけ」にとどめて、相手をコントロールするための発言はしないことです。

つまり、相手を「責めない」ということです。自分の感想を述べて、相手にただ聞いてもらう感じです。

たとえば……。
・〇〇したとき、すごく傷ついた
・こういうことは、自分は耐えられない
とかでいいんです。

ごくごくシンプルな言葉で、いいんですよ！


それがどうしてもできない場合は、**自分の気持ちを「紙に書き起こすだけ」**でもいいですよ。

文字に書き起こすことで、負の感情のエネルギーが浄化されていきます。このときだけは、どんな汚い言葉を書いてもOKです！

パソコンやスマホで文字を入力してもいいのですが、その場合は、一度、実際の紙にプリントアウトをしてください。自分の気持ちを物質にして、自分から離して客観的に眺めることが必要なのです。

だけど、その紙は手元に残さないほうがいいでしょう。一番いいのは、浄化するために「燃やす」ことです。

紙を燃やすときに、それを書いたときのネガティブな感情が浄化されるイメージを浮かべて、燃える炎を見つめてください。


まとめます。


自分の感情を、自分に隠さないで、ちゃんと見つけて認めてあげること。

「こんなふうに感じていたんだね」って、受け入れて抱きしめてあげること。

自分にそれをしてあげられるのって、あなた自身しかいません。

「こんなにかわいそうなわ・た・し!」アトラクション

こんなにかわいそうなわ・た・し!!!

このアトラクションは、一回ハマると、なかなかやめられない止まらない人が多い人気アトラクションです。

このアトラクションで遊んでいる人の特徴は、こうです。
いっつも被害者！
何かあったら、誰かのせい！

あ～～～なんてかわいそうで、大変で、つらい、苦しい、わ・た・し♡
あ～～～本当に、自己重要感が低いから、わたし、弱くて、ダメなんです♡
あ～～～誰もわたしのことなんて、わかってくれないのよ～♡

と、表面では騒いでいますが、心の裏の言葉では、こう言って泣いています。

もっとわたしを見て！
わたしを励まして！
わたしに注目して！
わたしをあやして！

わたしをほめて！

お母さ～～～ん！！！！

あれ⁉　これって……、もしかして⁉

そうです、赤ちゃんなんです。

赤ちゃんは、泣き叫ぶことで家族の愛を独占し、自分に注目させて、成長していきます。とっても自然な行為ですし、自然の欲求です。

しかし、大人になったら赤ちゃんのようにストレートに甘えることはできません。だから巧みに言葉を使って誤魔化しているわけですが、やっていることは赤ちゃんと同じ行為なんです。

本当の気持ちをストレートに表現することができず、
自分の感情を直視できず、自分に対して嘘をつき、
周りに対しても、本当の気持ちとは違う言葉を発しながら、

相手をコントロールしようと必死になります。


それはそれはもう、ぐっちゃぐちゃです。

でもね、これ、無意識の部分では、相当な快感!!! なんです。だって、やめられないんですから。

楽しいアトラクションですね!

「感情の渦」でおぼれないために

さらに!

このアトラクションにハマっている人の精神は赤ちゃん状態ですから、自分のことを、丸ごと受け入れてほしいんですね。

ですから、何かしらの反論や、ちょっとした批判に、ものすごく敏感に反応します。こうなると、ちょっとしたことで一喜一憂し、感情の揺れや振れ幅がすごく大きくなります。

感情のベクトルが自分の内部に向けられると鬱になり、外部に向けられると攻撃的になります。

どちらのパターンも、いろんな人を巻き込んでいくという点では共通していま す。


もし、あなたがこのアトラクションを大いに楽しんでいるのならば、そして早くクリアしたいと思うならば。

ぜひ、振り返ってみてほしいことがあります。


あなたは一体、いつ、誰に対して、許せない感情を抱いたのでしょうか？

その感情は、まだあなたの中でくすぶっていて、完了されていないのです。


そのことを、まずは知ってください。

完了していない感情って、本人も気づかないまま、心の中にずっと潜んでいます。だから、人を変え、場所を変え、その怒りを誰かに投影し続けるわけです。

感情の大本を知ることではじめて、このアトラクションの永遠に続くかに思われたループがやっと、終わるんです。

つい、感情に振り回されそうになったら、そのことを思い出してください。

Rule 29

“目詰まり”を取ると、うれしい現実がやってくる

前項で、「自分の感情を葬ってはいけない」というお話をしました。

これは、今までフタをして封印していた感情に光を当て、認めてあげるということなので、あなたの人生の「目詰まり」をクリアリング（掃除）するという意味合いがあります。

この「目詰まり」をクリアリングすると、いいことがたくさんやってきますよ、というお話をします。

あなたの地球ゲームは、あなたがまるっと関係してきますので、あなたの人生の中で、大きなことでも、些細なことでも、**どこかに抵抗感（思い出すと感情が**

ウッとなる部分）が残っていたとしたら、そこをクリアすることをオススメします。

クリアしていくことによって、あなたの地球生活は、どんどん過ごしやすくなるようにできているのです。

というのも、一見、それぞれ全然関係がなく、つながっていないような箇所だったとしても、見えないところでは、密接につながっていたりするんですね。それが、地球ゲームなんです。

「意外なとき」に「意外なこと」が解決する理由

だから、とある箇所をクリーンにすると、他の部分が自動的に解決してしまうといったことが、地球ゲームではよく起こるんです。

これは、非常に面白いんですね。

たとえば……。

・母親（父親）にずっと言えなかったことを伝えられた

↓**持病が治った！**

・クローゼットの奥がゴチャゴチャしていていつも何となく気になっていたが、放置していた。しかし、ついに、きれいに整理整頓を実行した

↓**人間関係が楽しくなった！**

・家の間取りに、どことなく窮屈さを感じていたが、そのまま暮らし続けていた。しかし、使い勝手のいい間取りの家に引っ越しを決断

↓**トキメク出会いが訪れた！**

・すぐゴネる理不尽な仕事相手に対しずっと違和感を覚えていたが、自分に言い訳をして、ガマンして取引を続けていた。しかし、あるとき意を決して契約を終了

↓**自分の中の眠っていた才能が大きく開花して、とても豊かになった！**

……といった具合です。

あなたも、何となく「目詰まりを起こしていること」があるなら、めんどくさくても思い切って手をつけてみてください。

思いもかけないところから、「いいこと」が飛び込んできますから！

Rule 30

執着を手放すと「新しいステージ」へ進める

執着は、「それがないと生きていけない！」という思い込みです。

でも、実は、それに執着をしているから、もれなくあなたの自由は制限されているのです。ここが、超パラドックスです。

もしも今、執着モードになっている人は、自分が一体、何に執着しているのかを書き出してみましょう。

恋人？　結婚？　仕事？　友達？　将来の安定？……

何でもいいので、思いつくままにリストアップしてください。

そして、自分にこう聞いてみてください。

どうしてそれがないと生きていけないのでしょうか？

それがなくても大丈夫にするには、どうすればいいでしょうか？

それも書き出してください。


未来のことは、実際に行動してみないとわかりません。

そして、人間は変化を怖がります。しかし、変化を起こすには、行動をしなければなりません。

変化を怖がる人は、ほとんどの場合、勝手に想像して、「行動しない理由」をでっち上げているだけなんですね。

「こう思えた瞬間、心が「風」になる

もし、あなたが今「わたしは、それがなくては生きていけない……」という気持ちと同時に苦しさに苛《さいな》まれているのならば、その状態をキープする必要はあり

ません。

あなたの選択次第で、その状況から抜け出すことができます。

あなたは、自由を手に入れていいのです。

その権利は、生まれたときから、守られているのです。

さあ、次の言葉を大きな声で言ってください。

せ〜のっ！

「それがあってもなくても、なんとかなるやろ！！！！！」

執着を手放せたときには、あなたは、自由を手に入れることができます。

「○○しなければいけない」という思い込みに囚われていた心を解放することができます。

すると自分が、どれだけ、不自由な世界、不幸な世界に、しがみついていたかが、わかることでしょう。

Rule 31

自由に生きるための「関門」を突破するには

どんな出来事も、すべては通り過ぎていきます。車やバス、電車が通り過ぎるようにです。

ただ、わたしたちは、嫌な出来事に関しては、それを一時停止させて、何度も何度も、よ〜く、じ〜っくり見ています。

さらには、周りの人にも、

「見て見て！　こんな嫌なことがあったの！」

って見せて感想を教えてもらったりして、そのたびにネガティブな感情を再現して、浸りまくるんですね。

だってそのほうが、地球ゲームを堪能できますからね。

ものすごく過去のことを、ずっとつかんで離さない人もいます。いちいち、それを思い出して、堪能します。

子供の頃つらかった親からの仕打ち、元彼（彼女）の捨てゼリフ、仕事での忘れたい失敗……etc.

どれだけ、それについて、よ〜〜〜〜く観察して研究したいのか、堪能したいか……。好みの問題になってきます。

だって感情は、地球でしか味わえませんからね。

「すべては通り過ぎる」と知る

ただ、不快な感情を味わって、不快な感情を出し続けていると、あなたから重い波動が出続けます。

すると、〈波動の法則〉でもあきらかなように、これからも、その重い波動になるような、不快な出来事を創造してしまうんですね。

ということはつまり、まあ、エンドレスに、このアトラクションを楽しめるわけではありますが。

あなたがそろそろこのステージをクリアして、違うアトラクションに移りたい場合は、どうするか？

「すべては通り過ぎる」ことを思い出すことです。

一時停止ボタンを押しているのは、何を隠そう、あなた自身です。
ずっと、その映像を見ているのは、何を隠そう、あなた自身です。

さあ、そろそろ、一時停止ボタンを押し続けるのをやめて、再生ボタンを押してください。すると、スルスルとまた時間が流れ出しますよ。**そうすれば、自動的に過去のことは薄れていきます。**

さあ、「バイバイ！」と大きく手を振って、その映像を見送りましょう。

いや〜〜〜、長かったですね。このアトラクション！

一時停止ボタンを押すのをやめさえすれば、いつでも、軽くなりますよ！
あなたの波動も、あなたの生き方も！

そして、あなたは、地球にこう言いたくなるでしょう。
「この体験をさせてくれて、ありがとう！」って。
おや？　感謝の気持ちが出てきたということは……？
はい、このアトラクション、見事にクリアです。
おめでとうございます！！！！

Rule 32

「心がザワッとする人」と離れられないのは、なぜ？

「別れたいけど、別れられないアトラクション」で楽しんでいる人がいます。そもそも、嫌だと感じる人とは一緒にいなくていいのです。そして、それは、あなたが決めていいことなのです。

だけど、このアトラクションが好きな人は、あらゆる理由をつけて、苦手な人と一緒にいようとするんですね。このアトラクションにハマっているというのは、たとえばこういう状態の人です。

・旦那さんや奥さんのことが嫌で仕方がないのに、別れず一緒にいる
・仕事のパートナー（同僚や上司、先輩、後輩……）に不満があって仕方がない

のに、ずっとそこにいて一緒に仕事をしている
・友人がムカついて仕方がないのに、連絡し合っている

まず、知っておかなければならないことは、誰かと「一緒にいる・いない」を決めるのは、他の誰でもなくあなた自身ということです。

そして、必ずしも「一緒にいる」という選択肢を選び続けなくてもいいのです。

アトラクションクリアの2つのポイント

このアトラクションをクリアするには、以下の2つのポイントを知っておくと俄然、進めやすくなります。ゲームを攻略していくときの参考にするといいでしょう。

1　自分が主人公であることを忘れていませんか？

周りの誰かのせいで、自分が動けないと思っていませんか？

もしそうだとしたら、それ、完全に「他人軸」です。

「自分」を生きていませんし、「自分」に目覚めていないとも言えるでしょう。「周りによって、自分の人生は操作されている」と勘違いをしながら生きています。


これを、車にたとえてみましょう。

自分の車だから自由に行き先を決めていいのに、あなたはなぜかいつも、自分の車の運転席に他人を乗せているのです。そして、目的地の決定も、車の運転も、完全に他人任せにしています。

その間、車の持ち主であるあなたが何をしているのかというと……、なんと、助手席で爆睡しています！

自分で運転するよりも、他人にハンドルを委ね

てお任せしたほうが、なんとなく安心できる。そんな感覚を持ってしまっています。

だけど、それではいつになっても、自分の人生を生きることができないでしょう。早く起きて、運転席に戻ってくださ〜い！

2　寂しくて決断できなくなっていませんか？

「別れたいのに別れられない」アトラクションにハマっている人は、

「誰かがいないと、相手がいないと、自分ひとりでは生きていけないのでは？」と思っています。

なかなか覚悟が決まらず、実際に行動に移すパワーがわきません。

その原因は、いろいろ考えられます。

経済的な面でパートナーや親に首根っこをつかまれていて、身動きが取れなくなっているのかもしれませんし、「自分が自立して、本当にやっていけるのか？」という、未来に対しての漠然とした不安があるのかもしれません。

一人になることへの寂しさに恐怖を感じている場合もあるでしょう。


でも、それって全部、はっきり言って「気のせい」です。


すごい錯覚なんですね。

実は、実際に行動を起こしてみると、その不安や寂しさって消えるんです。

行動を起こしたいのに起こせずモヤモヤしている、この状態をキープしているときのほうが、心の中は不安でいっぱいだし、寂しいのです。

ここに、このアトラクションの大きな罠が隠されているんです！

ずっと自分の羽で飛んでいない鳥が自由自在に飛べるようになるには、最初は訓練が必要です。

ですが、いろいろ動いているうちに、鳥としての飛び方を思い出し、自分なりの飛び方をマスターして、きちんと飛べるようになります。

わたしたちが「自分から行動を起こすこと」も、これと同じです。
何か生きる上での大切なポイントを、他人任せにして、いつも誰かに依存しているると、いつまでたっても、自由に羽ばたけるようにはなりません。それでは、自ら奴隷になっているようなもの。

自立を選択する覚悟を持って実際に行動を起こせば、このアトラクションはクリアできることになっています。

それだけです。実にシンプル。

Chapter 006

「出したもの」が全部返ってくるのが、地球ゲームのシステム

ミラクルな
「運気の流れ」をつくるコツ

Rule 33

「してほしいこと」ほど、してあげちゃえ！

地球ゲームは、基本的に自分が「出したもの」が、自分に巡ってくるシステムになっています。

これはつまり、どういうことかと言いますと……。

人に対して善意を持ち、いつも「いいこと」をしていたら、それは自分の豊かさとなって返ってきますし、逆に、人に敵意や悪意を向けてばかりいたら、それは禍《わざわい》となって、自分に返ってきてしまうでしょう。

昔から、「因果応報」とか、「情けは人のためならず」という言葉がありますね。昔の人は、この地球ゲームのシステムを、経験からよく知っていたのでしょう。

さて、このシステムには、ちょっと意外なポイントがあります。それは、

「自分が出した方向から返ってくるのではない」

ということ。

多くの場合、全く予想外のタイミング、予想外の方向からやってきます。

また、出したものが何倍にもなって、巡ってくることもあります。

要するに、素敵なことは、出したもの勝ちなんですね。

ですので、**してほしいことは、してあげちゃえばいいのです！**

簡単ですね！

忘れた頃に「倍増し」で返ってくる法則

もちろん、何度も言っておきますが、**自己犠牲はダメです。**67ページでも述べましたが、**「自分との関係が、すべての関係に反映する！」**でしたよね！

ここ、ホント大事なので、忘れないでくださいね。

人が喜ぶことで、あなたが楽しいことだったら、どんどん出してください！

あなたから楽しい波動が出ますから、時間差で、楽しいことを体験することになるからです。

さらに、出したことは、忘れた頃に、倍増してやってくるんですから、こんないいことはありません！

地球ゲームのこのシステム、最高すぎます。

ですから、見返りを、その相手に、求めなくていいんです。

と言いますか、見返りを求めながらやっている時点で、相手に対しての親切ではなく、見返り目的になっています。

自分が満たされたいだけですね。

これですと、与えているようで、奪っているんです。

これに気がつくといいですね。

Rule 34

「1つもらったら2つ返す」というサイクルを大切に

「クレクレくん」をしていると、運が停滞するんですね。

「クレクレくん」とは、つまり、欲しがり屋さんのこと。人から何かをしてもらうばかりの人をいいます。

「クレクレくん」の特徴として、自分は欲しがり屋さんのくせに、人からクレクレされると、ものすごく不機嫌になります。面白いですよね！

厄介なことに、「クレクレくん」には、自覚症状はありません。

しかしながら、

えっ⁉　ひょっとしたら、わたし、クレクレくんかも！！？

と思った場合は、次のことを振り返ってみてください。

人に「何かをしてもらう」ことばかりを期待するのではなく、どうしたら目の前の人をハッピーにできるか、普段から考えているだろうか？

こんな視点を持ち、実際に、目の前の人をハッピーにできるよう、何かしらアクションを起こしていくといいでしょう。

気持ちよく挨拶するもよし、仕事を手伝ってあげるもよし、何かをおすそ分けするもよし……。

こんな小さなことでいいです。

これをしていると、人も、お金も、幸せも、どんどんあなたに集まってきます。

また、1ついただいたら、2つ返していきましょう。

たったこれだけで、「クレクレくん」から卒業できます。

そして、これを繰り返していくことで、ものすごく大きな運をつかめるようになっていきます。

Rule 35

「言葉の力」は、地球ゲームの最強装備

この地球ルールは鉄板なのですが、あまりにも軽く見ている人が大勢います。

あなたが放った言葉は、そのまま、あなたの世界を創造していくのですね。だから、言葉を使うときには、細心の注意が必要なんです。

夢や目標があるならば、あなたが叶えたいことを、言葉で出してください。どんどんアウトプットするんです。

たとえば……。

ネットショッピングでも、先に注文しないと、欲しい商品が届かないですよね。

レストランに入っても、先にオーダーをしないと、食べたい料理が運ばれてこないですよね。

地球ゲームにおける「言葉の力」は、これらと一緒の原理です。

だから、自分の「こうなりたい！」は、ぜひ言葉にして、口に出してください。

叶えたいことは、とにかく「言い切る」

ちなみに、叶えたいことは、「〇〇したい」ではなく、

「〇〇する！」と言い切ってください。

なぜ「言い切る」ことをオススメするかと言いますと、
たとえば、マクドナルドで注文するときだって、
「てりやきバーガーセットを食べたい！」ではなく、
「てりやきバーガーセット！」と言って注文しますよね。

注文するときに「〇〇したい」と言ったら、店員さんに、

「は!? この人は、注文しているのか、していないのか、どっちなの?」

と思われてしまいます。

宇宙に自分の願いを注文するときも、それは同じなのです。

地球ゲームで圧倒的に「ひとり勝ち」したいなら

ちなみに、内容は、どんなことでもいいです。

「資格試験に合格!」とか、

「素敵な恋が始まる!」とか、

「どんどん可愛くなる!」とか、

「わたしはインフルエンサー!」とか、

「わたしは、あの人以上に人気者!」とか……。

口に出すだけなら、その人の自由です。手間もお金もかかりません。

しかも、たったそれだけで夢が叶う可能性がグーンと高まるのですから、やらないと損ですよ!

しかしながら、地球ゲーム中では、その逆をしている人ばっかり!

……ということはですよ、

言霊《ことだま》を意識して使いまくった人のひとり勝ちになります。

Rule 36

ネガティブな言霊を中和する、とっておきのワーク

ですので、本当に、愚痴、泣き言、悪口は、言わないほうがいいです。だって、それがまた、宇宙に発注され、現実になっていくわけですから。

シンプルです。

『人生を自由自在に楽しむ本』(だいわ文庫)にも書かせていただきましたが、たった9日間、愚痴、泣き言、悪口を言わないようにするだけで、あなたの波動がピカピカになって、世界が変わっていきます。

でもですね、つい、わたしたちは、愚痴、泣き言、悪口を言っちゃうんですね。

「痛い!」とか「疲れた!」とか「寒い!」とか……。

ですので、今回、新ルールをつくりました。

それは、うっかり愚痴、泣き言、悪口を言ってしまってもOK！　その後、すぐに〝ある対処〟をすれば、言ってしまったことがチャラになる、というものです。

どういう対処かというと……。

1回ネガティブなことを言ってしまったら、100回「ありがとう」と言ってください。

名づけて「100回ありがとう」の刑です。

このとき、「ありがとう」は、できるだけ気持ちを込めて言うことが大事です。

「ありがとう」という言葉は、あらゆる言葉の中でも波動が最高レベルに高いんです。ですので、このパワーで、うっかり口にしちゃったネガティブな言葉を相殺《そうさい》しようというわけです。

もちろん、愚痴、泣き言、悪口は、言わないに越したことはないですよ。あくまでこれは、「もしも、うっかり口にしちゃった場合」の話です。

気をつけていても、最初の頃は、今までのクセで、つい言っちゃうことでしょう。これは仕方がないです。

「ありがとうの刑」を1日何クールもやって、どんどん相殺しましょう。

何回もチャレンジすれば、鬼に金棒！

で、こんな質問をよく受けます。

「愚痴、泣き言、悪口は、心の中で思うだけでも、ダメですか？」

ワークを始めた最初の頃は、心の中で思っちゃうのは仕方がないかも知れませんね。

しかし、**言わないことに慣れてきたら、心の中で思うことすら無くなってきます。**ですので、それが、自分の波動が変わったバロメーターになりますよ！

ちなみに……。

190ページで触れた「9日間チャレンジ」は、一度クリアできても、それで終わりにせず、繰り返し何度もやってくださいね！

やればやるほど、あなたの世界はピッカピカになって、毎日が楽しくなっていきます。

素敵な人と出会い、素敵な場所に導かれ、素敵なことをしながら、豊かに暮らしていくことができるようになっていくのです。

Rule 37 他人へのジャッジは「自己紹介」である

人に対してする言動は、全て、自分に対する行動とリンクしています。

ですので、いちいち人を疑う人は、自分を疑っています。
「あの人は、嘘をついているんじゃないかな?」と、いちいち考えて詮索をしてしまう人は、自分が人に対して何かしら、嘘をついたり誇張表現をしていたりします。

また、見ず知らずの人に対して、やたらジャッジをする場合。
そのジャッジは「自分に対するジャッジ」なんですね。

つまり、自分を知るには、自分が、見ず知らずの人（前情報がない人）に対して、勝手にどんな評価、ジャッジをしているかを思い出してみるのが一番です。

「相手を知るポイント」は、意外なところに

また、人を知りたいときは、その人が、いろんな人に対して、どのような評価、ジャッジを下しているかを観察してみましょう。
そのジャッジの内容が、その人自身の内容となっております。

つまり、こういうことです。

誰かに対して、
「優しそうだね！」と言う人は、その当人が、優しい人ですし、
「意地悪そうだよね！」と言っちゃう人は、その当人が、意地悪な人なんですね。
「宇宙人ぽいよね！」と言う人は、その当人が、宇宙人ぽいのです。（笑）

あなたは、最近、前情報がない人に対して、感覚的に、どんなジャッジを下しましたか？

すごく明確でわかりやすいですよ！

Rule 38 誰かを元気づけると、自分も元気になる

落ち込みがちな人や、元気がない人、無価値感に苛まれている人は、この方法がとてもオススメです。

もちろん、我々人間は、生き物ですから、体の健康は大事です。美味しいものを食べて、しっかり寝て、朝陽《あさひ》を浴び、適度な運動をする！ などは、必要不可欠です。

それらをしっかり行った上で、やってみてほしいことです。

そして、これは、とってもシンプルな方法です。

ズバリ、誰かを元気づけてください。

誰かを励ましてください。
誰かを喜ばせてください。

なぜかって⁉

あなたの言葉を、一番近くで、よ～く聞いているのは、あなただからです。そして、よく知られていることですが、潜在意識は主語を認識しません。

つまり、出会う人を、元気づけてあげればあげるほど、あなたは、もれなく元気になります。

もちろん、アドバイスを求めていない人に、あれこれというのは、お節介で、嫌われます。その辺りは、説明しなくても、わかりますよね！

人が最も「生きる喜び」を感じるときって？

そして、そもそも、人間という生き物は、人を喜ばせることに「生きる喜び」

を感じます。

めちゃくちゃ素敵な生き物ですよね。

その特性を大活用すれば、あなたはみるみる元気になっていくのです。

繰り返しますね。

あなたが元気になりたいときは、誰かに励ましてもらうのではなくて、自分が誰かを励ます側になるといいのです。

これがポイントです。

ちなみに、あからさまに励まさなくても、人をいちいち喜ばすことをしていくだけで、元気になりますよ！

たとえば、たくさんお菓子をいただいたから、自分が食べきれない分をおすそ分けするとか、歓送迎会の幹事をする人にあなたの知っているいいお店を教えてあげるとか、人手が足りなくて困っている人がいたら作業を手伝ってあげるとか……。

何か特別な、大きなことをする必要はなくて、「あなたが無理せずできること」をするのがポイントです（繰り返しますが、自己犠牲は厳禁です）。

そして、これをすると、もれなく、豊かにもなっていきます。

Rule 39

「お金がらみアトラクション」を攻略するには

お金のアトラクションは、時代を問わずものすごく人気があります。

お金のアトラクションは、とてもシンプルで、周りの人に、喜びを与えた分だけ、自分のところに巡ってきます。

自分よりも、お金が巡ってくる人を見て、文句を言っている場合は、「その人は、あなたよりも、周りの人に沢山喜びを与えているだけ」というのを、知っておくといいでしょう。

それでですね、喜びを与えるといっても、毎度のことですが、自己犠牲はＮＧです！

地球ゲームでは、自己犠牲は超NGですから、これだけは忘れないようにしておきましょう。

自分も喜んで、人にも喜びを与えること！

これを、すればするほど、お金は、どんどん巡ってくるのです。

逆に言うとですよ、周りの人に、喜びを与えていないのに、お金は巡ってはきません。たとえ、一時的なラッキーで巡ってきたとしても、しょうもないことに流れていきます。たとえ大金が入ってきても、です。

あとですね、お金の「入り方」と「出ていき方」はリンクします。

有意義で楽しく入ってくれば、有意義で楽しい流れをつくり出します。

忙しすぎて大変な感じで入ってくれば、あっという間に流れていきます。

お金とは「エネルギーの流れ」のことですので、当然のことです。

お金を特別視しすぎず「エネルギー」としてとらえて見ていくと、動き方や特徴がとてもわかりやすいんですね。

「出してないのに、入ってこない」――それがお金の流れ

あと、お金に関して、見逃しがちなもうひとつ大切なことがあります。
それは、**「出してないのに、入ってこない」**ということです。
これは、呼吸と同じです。
いったん息を吐かないと、新たに吸えないですよね？　それと一緒です。
ですので、「最近、お金の流れが滞《とどこお》っているな……」。
そう思うのであれば、まずは、楽しみながら出しましょう！
あなたさえ楽しければ、出す方法は何でもいいですよ。

募金とか、誰かへのプレゼントとか、材料を仕入れて人に料理を振る舞うとか。
ビジネスをしている人なら、自分が楽しくなって、人が喜ぶような商品やサービスを創るとか……。

あなたも喜び、相手も喜ぶこと!!!

それが、お金の巡りをよくする流れをつくり出します。

キッカケを待つだけでは、意味がありません。

お金の巡りをつくり出すのは、あなたからなのです。

シンプルでしょ!

Rule 40 「避けて通れない理不尽」には、こう考える

あとですね、お金アトラクションに限りませんが、時には誰かに騙《だま》されたり奪われたり、という理不尽なことが起こることもあるでしょう。

誰かにズルをされたり、あるいは、詐欺《さぎ》にあったり、友達に貸したら返ってこなかったり……。

でもね、安心してください！

一時的にあなたが損して、相手が得する結果になったとしても、憤《いきどお》る必要はありません。

実はこういう場合、地球ゲームでは、のちに、ちゃんと調整が行われることになっているのです。

つまり、ズルして奪った人は、後からその分、何かしらで損失が出ます。

だから、あなたが成敗しなくても大丈夫なんですね。


そして、自分が損したからって、嘆《なげ》かないでください。

あなたが「自分が喜んで、人を喜ばせること」をしていれば、必ず、どんどんお金は巡ってくるんです。

お金はなくなるものではありません。そこら中に流れているもの、エネルギーなのです。

また、お金はいろんなものを連れてくるので、お金が巡ってくると、物質的な豊かさだけではなく、精神的な豊かさもどんどん巡ってきます。

このアトラクション、面白いですよね！

だから、大人気!!


エンジョイ！

Rule 41

水はすべてを聞いている

地球ゲームの、ある秘密をここで述べさせていただきます。

それはですね、**「水が地球の記憶装置になっている」**ということです。

水は、あらゆる情報をインストールすることができます。そして、あらゆる媒体を行き来し、地球の運び屋として活躍しています。

ですので、いつも素敵な「愛のある言葉」を発している人を通過すれば、その水は「愛のパワー」でいっぱいになりますし、いつも「愚痴、泣き言、悪口」を発している人を通過すれば、その水は「不穏なパワー」でいっぱいになります。

何かを話し合っている場に、コーヒーとかミネラルウォーターとか、飲み水が置いてあることがありますね。

その場にいる人たちが素敵な言葉を発しているのなら、ぜひそれを口にしてください。それはとても波動のいい水になっていますので、飲むだけで元気になれるでしょう。

その逆に、愚痴大会のような場に置いてあった水を飲むのはオススメできません。とても波動が乱れた水となっていますので、口にするだけで疲れてしまったり、良くない影響を受けるでしょう。

水を「最も腐らせる行為」とは

水は、言葉、文字、絵、その場の雰囲気、すべてをインストールしていきます。

我々人間も、もちろんその機能がありますよ。ほとんど、水なんで（人体の6

〜7割は水でできています)。

だから、自分が波動がいい状態を保つこと、そして、そんな人、そんな空気、そんな場にいること。これらが、とっても大切なんですね。

ちなみにですね、すごく有名な話ですが、こんな実験があるそうです。

水を入れたコップを3つ用意し、それぞれにA・B・Cと名づけました。この3つに対して、こんな条件を付けたそうなんです。

A 愚痴、泣き言、悪口を言った水

B 「ありがとう」と感謝の気持ちを言った水

C 無視しておいた水

この3つの水がどのような状態になったか、後で調べました。

この結果、Bのコップの水がとてもいい状態になっていたそうです。

そして、Aの水よりもCの水のほうが、とても良くない状態になっていたとのことなんですね。

つまり、「無視」というのは、一番、水を腐らせる行為なんです。

先ほど、わたしたちは、ほぼ水でできていると述べました。

自分の本当の気持ちに対して、見て見ぬフリ、つまり、無視をしていませんか？

それ、あなたが、壊れる原因なんですね。

すさまじい浄化力を持つ「ありがとう」の波動

さあ、水を飲むとき、ご飯を食べるとき、口にするものに「ありがとう」を伝えましょう。それらは、あなたの体に取り込まれますから、あなたの体は、「ありがとう」の波動でいっぱいになります。

さらに、ものを使うときも「ありがとう」を伝えるといいですよ。すべてのものに、水は含まれていますから。

心を込めて「ありがとうの気持ち」を送りましょう。

あなたが発する波動が、ますます素敵な波動になります。

「素敵な波動」は、「素敵な現実」を構築していきます。

ちなみに……。

「祈り」には、距離は関係ありません。遠隔でも送れます。

だから、遠くにいる、愛するあの人、もの、場所にも、「ありがとう」を送るといいですよ！

ちなみに、わたしの知り合いの酒蔵さんや、木材屋さんは、「ありがとう」の力を無意識で知っているようです。

だから、たとえば酒蔵さんは、「ありがとう」という言葉を聞かせながら、お酒を発酵させますし、木材屋さんは、作業場で、木材たちにエンドレスでバッハの曲を聴かせているそうです。

わたしたちも、バッハの曲を聴くと、なんとも言えない心地よさを感じますよね。

そういう「なぜかわからないけど、心地いい……」っていう感覚を信じるってことも、すごく大事ですよ！

波動いいですよね～♪

Chapter

007

「気にしすぎ」をやめれば、人付き合いの悩みは9割解決

今日からは、
もっと身軽に、さわやかに生きる!

Rule 42

「相性」なんて、あってないようなもの

距離感によって、うまくいく関係が、うまくいかなくなったり、うまくいかない関係が、うまくいったりします。

これは、ものすごく単純かつ、効果的な方法です。

これは、調味料に似ています。砂糖が濃すぎれば、甘さがしつこくて苦痛になりますが、程よい甘さだと、美味しく感じます。

というわけで、「この人といるとストレスがたまるな〜」という場合は、距離感の調整をしましょう。

一緒に住んでいるときはケンカばっかりだったのに、別々に住んでみたら仲良

くなる親子関係、夫婦関係って多いものです。

頻繁《ひんぱん》に連絡を取っているときはイライラする関係だったのに、連絡を取る頻度を減らしたら、良好な関係になる友人関係も多いものです。

自分がどんな配合でできていて、どんなタイプの人と、どれくらいの関係でいると一番いい状態なのかって、知っていたら楽ですよね。

「ベストな距離感」はそれぞれオーダーメイド

ですが、最初から、わかっている人は少ないものです。**調整を取りながら、ベストな距離感を見つけ出していくといいでしょう。**

親子だから、夫婦だから、親友だから、いっつも一緒にいなければならないというのは、思い込みですし、少し地球ゲームのOSが古いです。

もちろん、べったりしているのが一番心地よい人もいるかも知れません。

それは、人によって違います。

「あれ⁉　何かちょっとムカつくな……」と感じている場合は、距離感や連絡を取る頻度が、濃いのかも知れません。

家族だから、身内だからという理由で、束縛や制限、昔からのルールなどを押し付けるのではなく、人それぞれが、一人の人間として、尊重しあって生きると、誰とでも、素敵な関係がつくれますよ！

素敵な調味料の配分を発見できます。

ちなみに、AさんとBさんの二人だと心地いいのに、そこにCさんが加わると、途端に調子が狂うこととかってありませんか？　あるいは、その逆など。

それ、調味料的な配分が違っていたのかも知れませんよ。こういったことを意識して、調整していくと、このアトラクションは、とっても楽しめます。

Rule 43

恋愛アトラクションをスイスイ進める「6つのポイント」

恋愛のアトラクションは、楽しむためにあります。しかしながら、ここでドハマりして苦しむ人って、昔からとても多いんですね。

言葉を変えると、それだけ時代を超えて普遍的な人気のあるアトラクションということになります。

ディープなアトラクションですから、時間をかけてどっぷり満喫するのもアリですが、もっとサラリとクリアしたいという人もいるでしょう。

そんな人には、「恋愛アトラクション」を楽しみながらクリアするために知っておきたい6つのポイントがありますので、ご紹介します。

それでは、まず、1つめ。

これが一番大事なのですが、恋愛アトラクションでは「自分が自分をどう思っているか」という、自分との人間関係が如実に投影されます。

どういうことかというと、

自分で自分のことをちゃんと尊重していて、
自分との関係がとても良好な人は、
恋愛相手とも、良好な関係を築くことができるんですね。

しかしながら、

日ごろから、自分で自分のことを心の中でいじめてばかりいて、
自分に自信がなくて、周りの評価を気にしすぎてしまう……。

こんな人は、恋愛アトラクションをうまく乗りこなせないことが多いです。

なぜかというと、恋愛相手に対して、「自分を認めもらおう」「それによって自分の存在価値を確かめよう」としてしまうからです。

当然、相手の発言や態度によって、グラングランに精神面が揺さぶられてしまうわけです。

ここまでで何度も述べていますが、
人間の存在価値は、周りの誰かによって、変わるものではありません。

常に、最強の最高です。

恋愛アトラクションにおいても、これを忘れないことが、ゲームをプレイするときの基本中の基本です。

お相手の発言や行動、態度によって、あなたの存在価値が変動することは、皆無です。

つまり、恋愛って、

自分軸で生きている人は、
めちゃくちゃ楽しめますが、
他人軸で生きている人は、
振り回されて楽しめないんですね。

面白いでしょ！

自分が「自分軸で生きているか、他人軸で生きているか」を知るための格好のバロメーターにもなるんですね。

2つめのポイントは、「自分という商品を好きでいることってとても大事」ということです。

相手に自分のことを好きになってもらいたい場合は、自分で自分に問いかけてみましょう。

「わたしはわたしのことを好きですか？」って。

もしも、「自分が好き！」と言い切れたなら、相手にも、

「どう？　自分！　いいでしょ〜！」

って紹介して売り込むことができますよね！

たとえば、友達に何かをあげたり紹介したりするときって、自分自身が気に入っているものじゃないと、嫌ですよね！　本当に「いい！」と思えないものって、オススメするとき本気になれなくないですか？

恋愛もそれと一緒。その感覚って大事です。

3つめのポイントは、まず、あなたが心を開くこと。でないと、相手も心を開かないです。

自分の内面をあまり明かしたがらない人っています。また、相手の気を引くためにこちらが何を考えているのかをわからせない風に装っている人がいますが、

それ、逆にモテません。

あなたが自分の心をまず開かないと、相手もあなたに心を開いてくれないのです。

ですから、素敵な恋愛をしたいのなら、ぜひ、あなたから心を開くこと！ 自分のいろんな面を公開していきましょう!!

オープンにするのが恥ずかしいなら、見せるのは好きな人だけにすればいいんです。

というか、それが恋愛ですよね！　相手に対して、自分を「限定公開」していくんです！

ワクワクするでしょ、お互いにお互いの「限定公開」が見れちゃうって！

何？「限定公開」したいような人がいない？

出会いがない場合は、圧倒的に行動をしていないだけ。**あなた自身が鍵アカウントになっているから、誰にも知ってもらえていないだけ**です。

ここで「出会いがない」という人にちょっとしたアドバイスですが……。

まず、口グセを見直してみてください。

よく「わたしには出会いがない」と、口グセのように言っている人がいますが、それ、あまりオススメしません。

なぜなら、自分がまず、その言葉を言うことによって、本当に「出会いがない」という現実を引き寄せている可能性があります。

ですので、できるだけその言葉を発しないことがポイントになります。

また、出会いがない人は、そもそも、自分自身を発見しにくいところに寄せていることが多いです。

どんなに可愛いワンコ先生やニャンコ先生であっても、人が来ないところにいたら、家族が見つかりませんよね。

だから、あなたはあなた自身を、市場に公開しましょう。

また、今の時代、出会うためのアプリがたくさんありますから、スマホひとつでいろんな人に出会えます。本当に沢山の人がアプリで婚活をして結婚をしています。

「出会いのあり・なし」ってつまり、「あなたが行動に踏み切るか、踏み切らないか」の違いだけなんですね。

もちろん、アプリなので、真剣に交際したい人だけではなく、単に気軽に遊びたいだけの人だって混じっています。

それも踏まえながら、アプリを活用していれば、危ない目にあうこともなく、「人を見る目を養う勉強」になるでしょう。

また、新しい人間関係を築く際、自分の意思を先に伝える練習もできますし、「こうすると自分は魅力的に見える」などの自分磨きの研究にも使えます。

賢く使えば、いいことだらけですね！

最後に……。

恋愛したい気分のときに、オススメの映画があるのでご紹介しましょう。

『アイ・フィール・プリティ！　人生最高のハプニング』です。

自分に自信のない主人公ですが、頭を強打したことをきっかけに、自分のことが「絶世の美女」に見えるようになります。以来、何をするにも自信に満ちあふれる態度でできるようになり、実際にはこれまでと何も変わっていないにもかかわらず、みるみる人生が好転していく……というお話です。

「わたしって最高〜〜〜♪」っていう気分になれますよ！

4つめのポイントは、「自分から相手に興味を持つ」です。

人間は自分に関心を持ってくれる人を好きになります。

なぜなら、人間は、自分に一番関心があるからです。

相手に関心を持たれたいなら、あなたが、相手に関心を持てばよいのです。

これはとてもシンプルかつ、鉄板かつ、最高で最強のポイントです。

相手に関心を持ってもらおうと、気を惹こうと、頑張る人がいますが、それをするよりも、相手に関心を持つことは、100倍の差があります。

逆の立場になれば、わかると思います。

あなたの話を興味津々で聞いてくれたり、

目が合ったら喜んでくれる人がいたら、良い意味で、意識しますよね。

なぜなら、誰かが、あなたに関心があることは、あなたにとって、心地がよいからです。

もちろん、ストーカーみたいなのは別ですよ。

こちらは、恐怖でしかありません（笑）。

5つめのポイントは、「元恋人に会いたいなら、よりを戻したいなら、どうすればいいか」をお話しします。

また、元恋人に限らず、会いたくてもなかなか会えなかったり、連絡を取ることができないという人はいますか？

こういう場合、相手のことはいったん放っておいて、とにもかくにも、あなた自身の波動を整えることに集中してください。

何度も申し上げますが、地球ゲームは「あなたが意識の焦点を向けたことが、現実世界となって広がっていく」のが基本ルールなんですね。

「会いたいのに会えない、苦しい、もうダメだ……」と、ネガティブな方向にばかり意識を集中させていませんか？　それをしていると、ずっとそういうネガティブな体験を引き寄せるコースを選択している、ということになります。

意識する時間が長ければ長いほど、悪い意味で効き目はバツグンです。

あなたがネガティブな気持ちを味わうコースを望んでいないのならば、とにもかくにも自分の波動を整えて、心地よさを感じることに意識の焦点を合わせて、選択して、経験をしていきましょう。

大好きなカフェオレを飲むでもいいでしょうし、
映画を観に行くでも、オシャレをするでもいいでしょう。

あなたが好きなことで、自分の心が嬉しくなることをすればいいのです。

こうして、意識の焦点を、心地よいほうに向け続ける練習をしていきましょう。
あなたの波動が整ってきて、心地いい波動が出続けるようになれば、あなたにとって、心地よい現実が、創造されていくのです。
そうです、彼からの連絡が来るのです!!!

また、こっちの波動が整ってしまえば、あなたの考え自体が変わってしまうこともあります。

「あれ!? わたし、相手に気に入られようとするより、もっと自分を楽しみたい！」

となって、別に彼に会いたくなくなるかもしれませんし、よりあなたにしっくりくる相手に出会うかもしれません。

波動を整えると、こういうことがよく起こるのです。

だから、いざ彼に再会したところで、相手にあまり魅力を感じなくなっているかもしれませんね。

確実に言えることは、その頃には恋愛の苦しさから解放されているはずなので、今よりもずーっと明るい未来になっていますよ！

6つめのポイントは面白いですよ。

「普通はこう」というルールに縛られる必要無し！というお話です。

地球ゲームは、どんどんバージョンが上がっていますので、設定やルールもどんどん更新されていっています。

スマホのアプリがどんどんアップデートするのと同じイメージです。

ですから、以前のルールが今の時代に合っていない、ということはよくあります。

「普通は、こうだから」

「昔から、そうなっているから」

そんな、以前のルールに縛られる必要はありません。

あなたが好きな人と一緒にいればいいんです。

結婚がすべてでもありませんし、法律や世間体といった形式にとらわれる必要はありません。相手が異性である必要もないのです。

地球上に人ってものすごくたくさんいますので、もっと気楽に、楽しく、幸せを選んでいいんですね。

古代から、人類がドツボにハマるアトラクションって、たいていパートナーシップ、恋愛のもつれです。

人間って、一向に進化していない！

ハマろうと思えばどこまでもどっぷりと深くドラマにハマれるから、このアトラクション、とても楽しい超人気アトラクションとなっております。

Rule 44

心配しすぎなくても、大丈夫

地球ゲームのプレイヤーには、「ご縁がある人」が存在しています。

だから、「あの人に好かれるにはどうしよう?」「どうやったらあの人好みになれる?」なんて余計なことで、頭を悩ませる必要はないんです。

あなたが「あなたであること」を満喫し、行動していれば、「ご縁がある人と自然に巡り会えるようになっていますから。

地球ゲームは親切設計ですね!

そしてですね、

「ご縁がある人」というのは、たとえ一度疎遠になっても、いずれ必ず、関係は戻ります。

もしも、完全に連絡が途絶えたとしても、あなたに必要な縁であれば、必ず、また元に戻ります。

目に見えないだけで、ご縁はずっとつながっているからです。

これは、パートナーと激しい別れ方をしても、親友と大ゲンカをして絶交をしても、です。例外はありません。

さらにですね、最近の地球ゲームでは、波動が一致している人ばっかりが、ご縁としてつながっていくことが、明白になっています。

自分とあまりにも波動がかけ離れている人というのは、出会うことさえも、なくなってくるでしょう。同じ地球に住んでいるのに、別の次元に住んでいるといいましょうか。

そもそも、縁がなければ、地球ゲーム中に相手とすれ違うこともありません。

地球ゲームをプレイしている間に認識できる登場人物って、本当に少ないのです。

素敵な人には、素敵なご縁が集まってきます

あなたの波動は、あなたがよく会う人を観察すれば、一目瞭然です。

「あれ？　以前に比べて、どうも一緒にいて居心地の良くない人にばかり、よく会うようになってきたなあ」

そんなときは、あなたの波動が前より重くなった証です。

より素敵な人に、よく会うようになってきたならば、あなたの波動は、より一段と軽くなった証です。**「自分の発する波動」と「周りの人間関係」はリンクしていますから。**

これはすごくわかりやすいので、自分でいつでもチェックしてみましょう。

人間関係がガラッと変わったときは、あなたの波動が、ガラッと変わったときです。

より素敵な人に出会いたいなら、

波動をいつも整えておくことがポイントです。

波動の整え方は、29ページを読み返してみてくださいね。

波動を整えていると、本当に素敵な人ばっかりに出会うようになるので、あなたも、周りの人も、み~んな、幸せになりますよ！

おわりに

さぁ、肩の力を抜いて、気楽に、エンジョイ！

なんだかんだ言っても、これら地球ゲームには、終わりが来ます。最後、エンディングを迎えるときに、あなたはこう聞かれます。

「あなたは十分、あなたを堪能しましたか？」と。

あなたが、あなたらしく、あなたがしっくりすることをして地球ゲームを楽しみ尽くしてきたのならば、

ＹＥＳ！

と答え、素晴らしいエンドロールを眺めながら、感無量の笑みを浮かべることでしょう。

逆に、あなたが、本当の気持ちにフタをして、自分の本心を見て見ぬふりをし

て、周りに合わせることばかり重視して、地球ゲームの主人公として楽しめなかったならば……

Ｏｈ！ＮＯ！

と答え、ゲームに参加する前のことを思い出して、「あっ、やっちまった～！」と悔しがるかもしれません。

ですが、またそれも、地球ゲームの醍醐味ですね。

というわけで、どうせ、この地球ゲームは終わります。

どんなに素晴らしい人生を生きようが、
どんなに素敵な功績を残そうが、
どんなにつらい人生を生きようが、
どんなに不遇なことにあおうが、
あの人も、あなたも、必ず、終わります。

あの人があ〜言った、こ〜言った、
あのとき、どうして、あんなことをしたんだろう〜。
そんなことに、時間を費やしている場合ではありません。

どうせ終わる。
どうせきれいにゼロに戻る。

だったら、とことんあなたを楽しんじゃいましょう！
だって、はっきり言って、遊びに来ているんですから。もっと肩の力を抜いて気楽に遊べばいいんですよ。十分、あなたを堪能していきましょう。
だって、あなたはわざわざあなたを選んで、この地球ゲームに参加したわけですからね！

エンジョイ！

本作品は当文庫のための書き下ろしです。

キャメレオン竹田
（きゃめれおん・たけだ）
作家、旅人、波動セラピスト、占星術研究家、画家。著書80冊以上。「自分の波動を整えて、開運していくコツ」を日々、研究し、国内外のパワースポット・聖地を巡って、受信したメッセージを伝えることがライフワーク。会員制オンラインサロン「神さまサロン」「タロット占い師になる学校」「占星術師になる学校」「手相占い師になる学校」を主宰。ANA公式サイト「ANA Travel & Life」や「週刊女性セブン」など、占い連載多数。YouTube（キャメチューブ）では、TwitterやInstagram、波動がよくなるメッセージや動画を発信中。
著書に『人生を自由自在に楽しむ本』（だいわ文庫）の他、『神さまとの直通電話』『神さまの家庭訪問』『神さまからの急速充電』『神さまとお金とわたし』『神さまと前祝い』（以上、三笠書房《王様文庫》）、『宇宙に注文！ 超開運ノート』（日本文芸社）などがある。

だいわ文庫

あなたの人生《じんせい》がラクにうまくいく本《ほん》

著者 キャメレオン竹田《たけだ》

二〇二一年六月一五日第一刷発行

発行者 佐藤 靖
発行所 大和《だいわ》書房
東京都文京区関口一－三三－四 〒一一二－〇〇一四
電話 〇三－三二〇三－四五一一

フォーマットデザイン 鈴木成一デザイン室
本文デザイン 根本佐知子（梔図案室）
本文イラスト キャメレオン竹田
本文印刷 信毎書籍印刷
カバー印刷 山一印刷
製本 ナショナル製本

ISBN978-4-479-30869-0
乱丁本・落丁本はお取り替えいたします。
http://www.daiwashobo.co.jp